教科書ぴったりトレーニング

かん字1年

東京書籍版
あたらしい こくご

とりはずして
お使いください

月　日

はじめの べんきょう

ひらがな・かたかなの おさらい①

あり

あ ア

いぬ

い イ

うさぎ

う ウ

えんぴつ

え エ

おにぎり

お オ

かめ

か カ

きつね

き キ

くり

く ク

けむし

け ケ

こい

こ コ

さる

さ サ

しまうま

し シ

すずめ

す ス

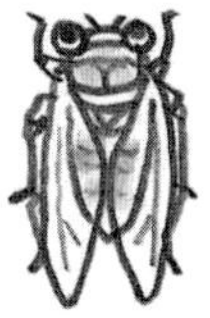
せみ

せ セ

そり

そ ソ

きょうかしょ
上8〜105ページ

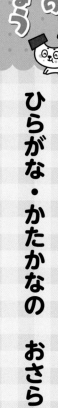

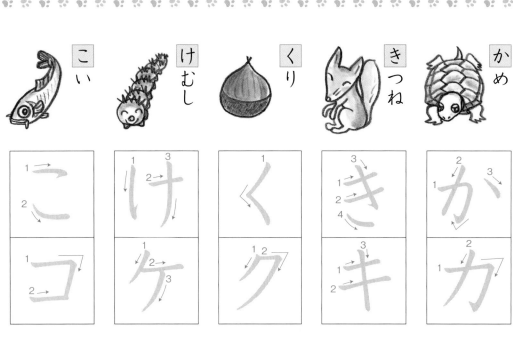

ふろく　とりはずしておつかいください。

ひらがな おさらいドリル

なつやすみにチャレンジ！

運筆《うんぴつ》も練習して、きれいなひらがなをかけるようになろう！

もくじ

＊本冊子では、とめ・はね・はらいなどの注意書きを採用していますが、ひらがなに書き方の決まりはありません。お子様がきれいなひらがなを書けるようになることを目的として制作しています。学校での指導にあわせて学習してください。

1 ねん　くみ

とめ・まる

- 絵の運筆をなぞってから、ひらがなの練習をしましょう。
- 書き始めの位置に注意しましょう。

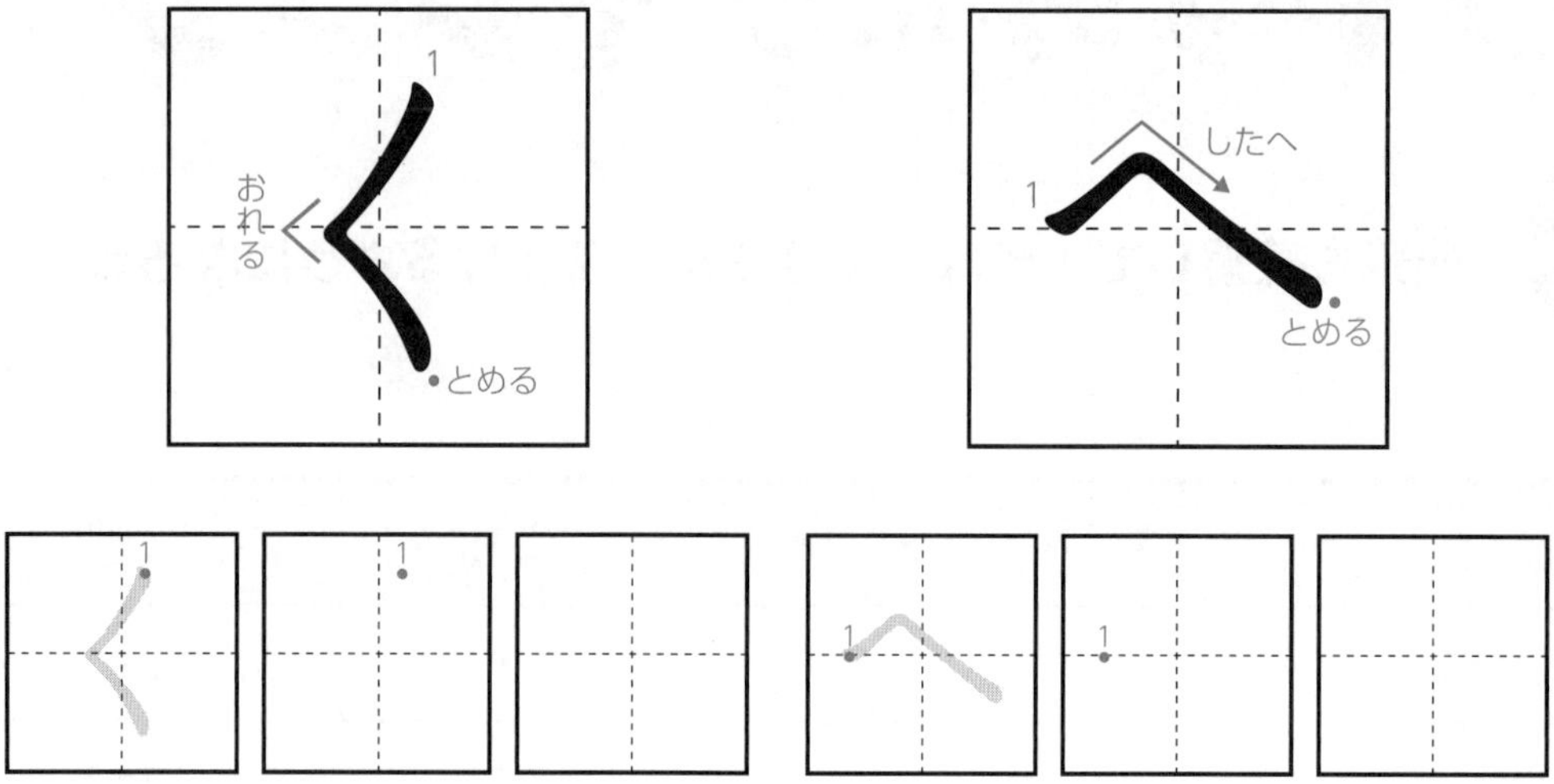

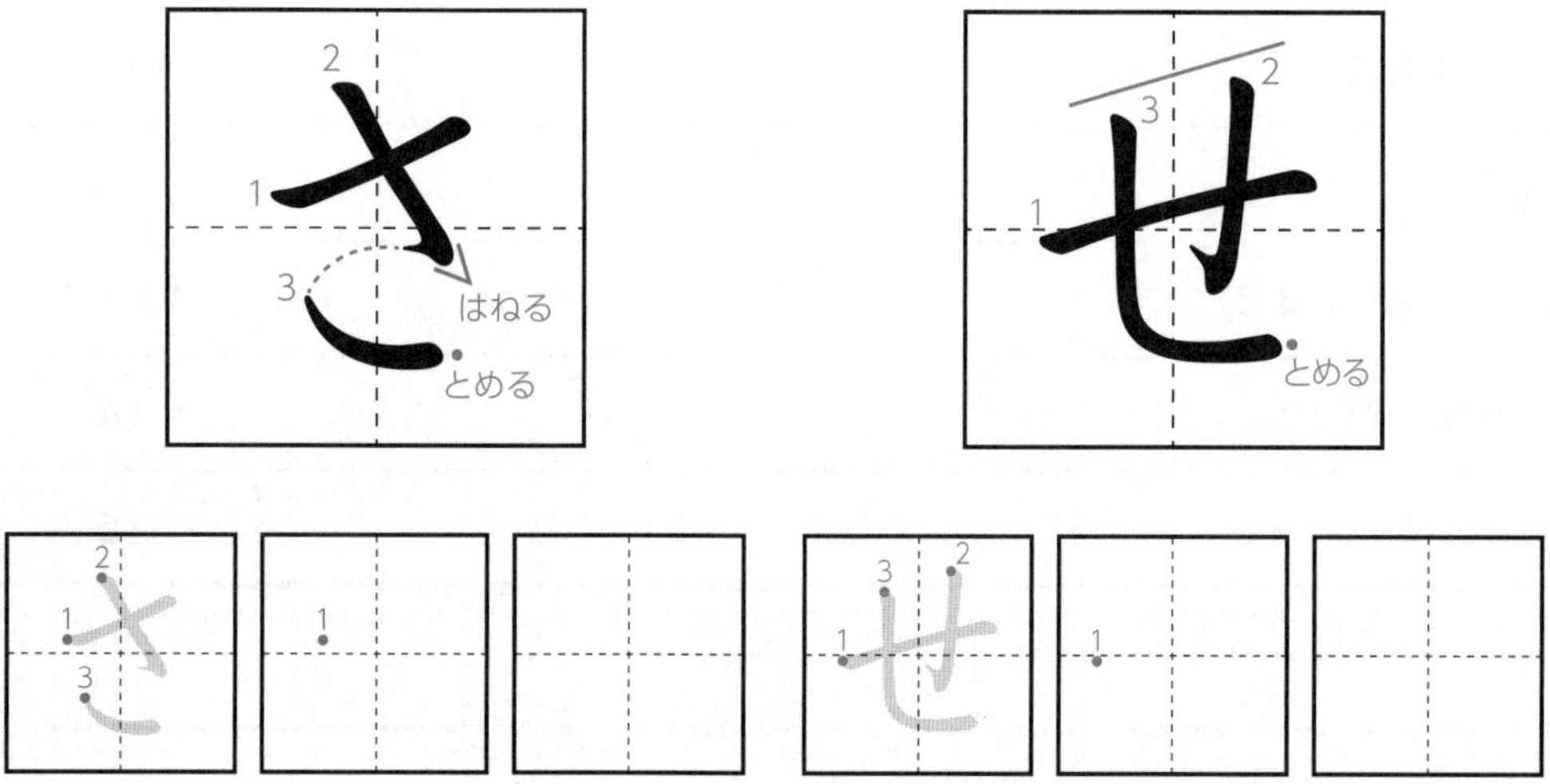

1 と 2
とめる

1 て
おれる
とめる

と 1 2
1

て 1
1

1 の
はらう

1 ひ
おれる

の 1
1

ひ 1
1

はね・おれ

● 絵の運筆をなぞってから、ひらがなの練習をしましょう。
● 離れた画でも、つながりを意識しながら書きましょう。

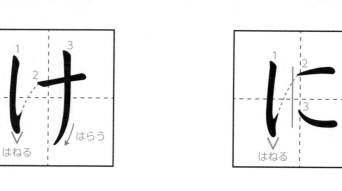

け（はねる・はらう）

に（はねる）

ほ（はねる・とめる）

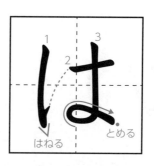

は（はねる・とめる）

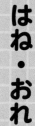

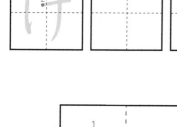

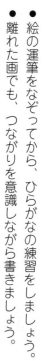

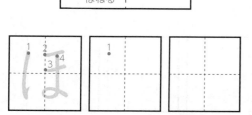

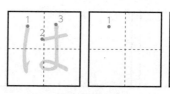

まるく
しないように

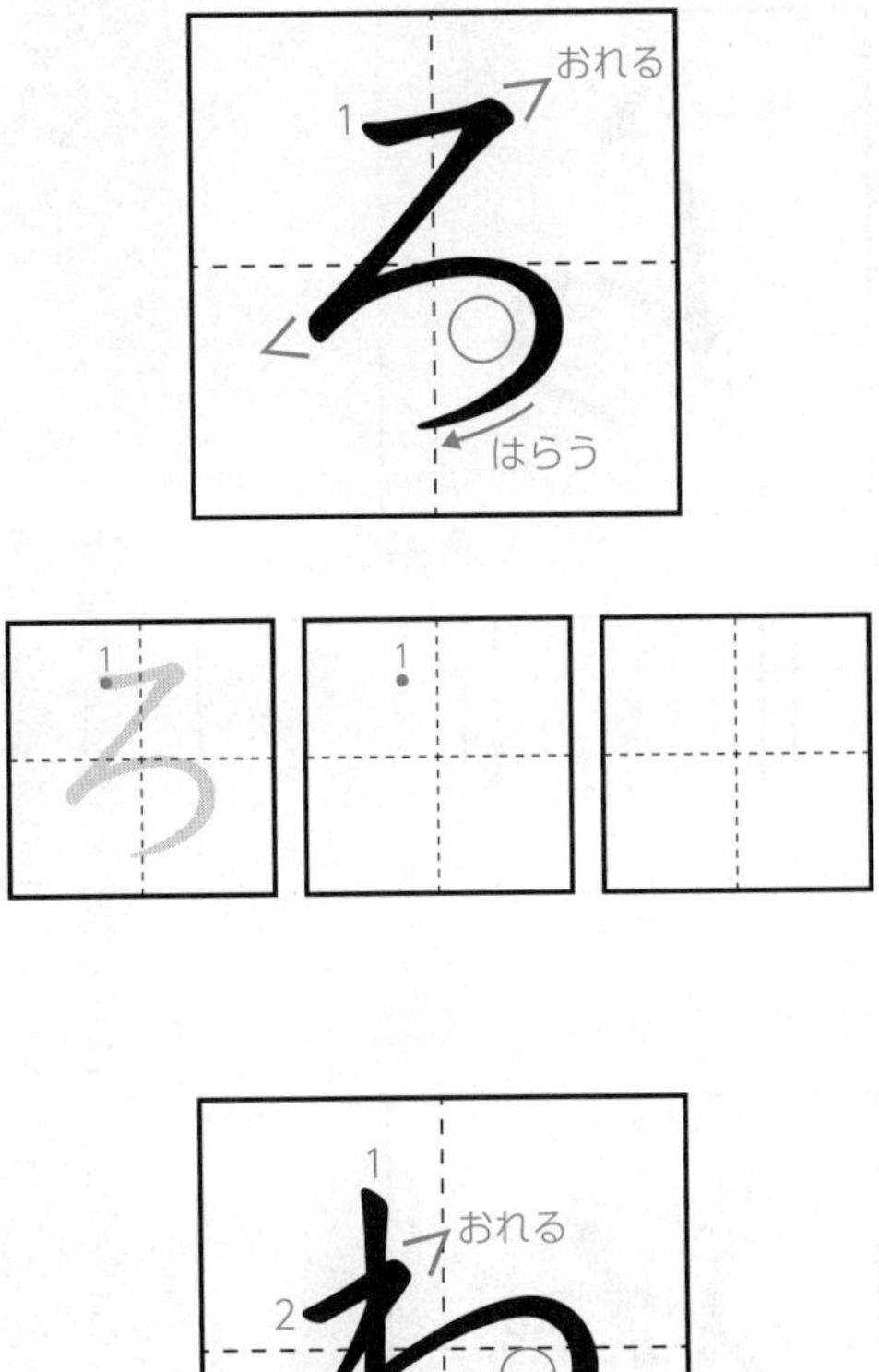
ろ
1
おれる
はらう

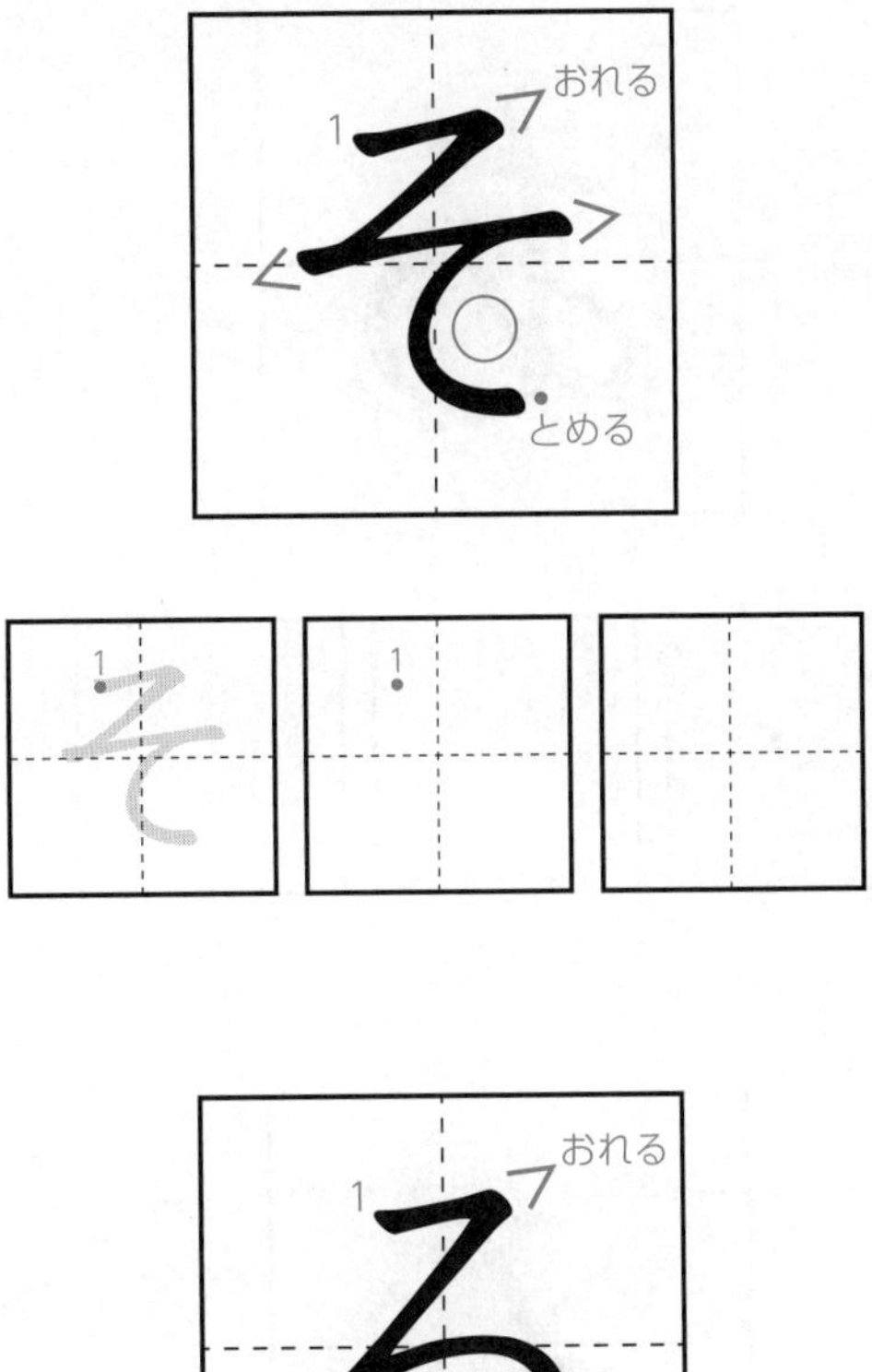
そ
1
おれる
とめる

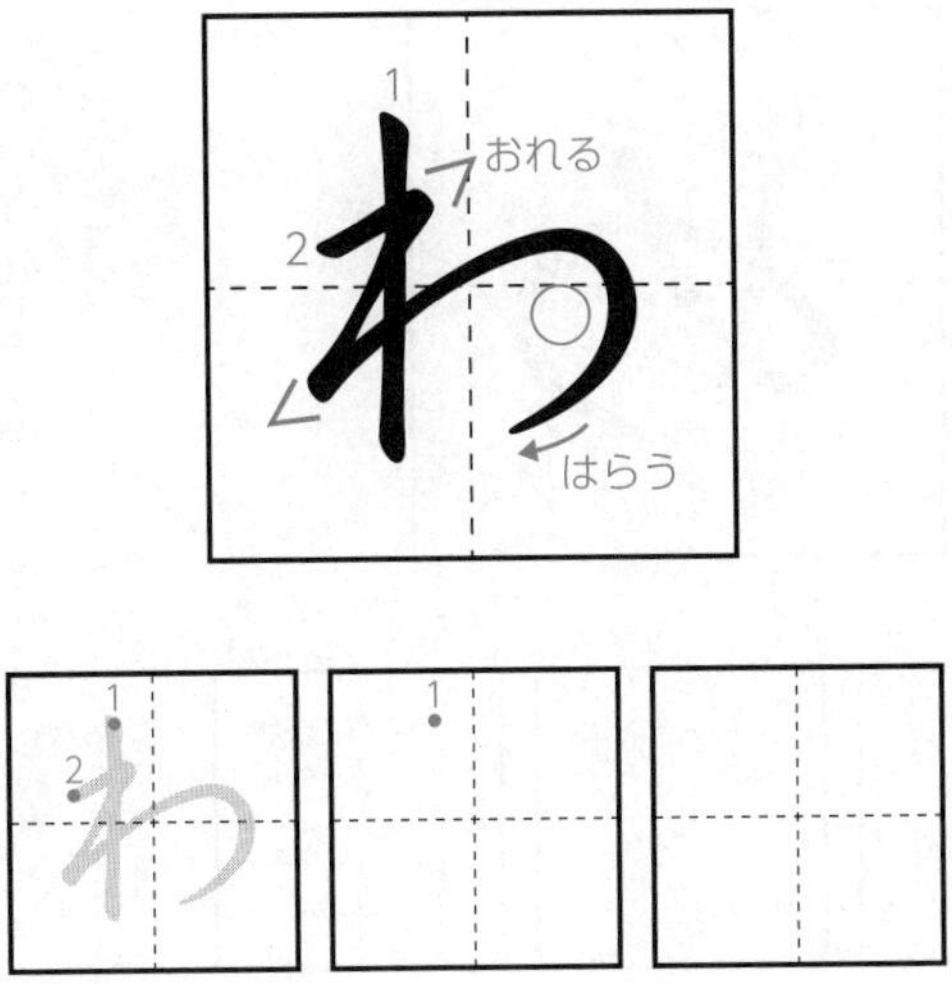
わ
1
2
おれる
はらう

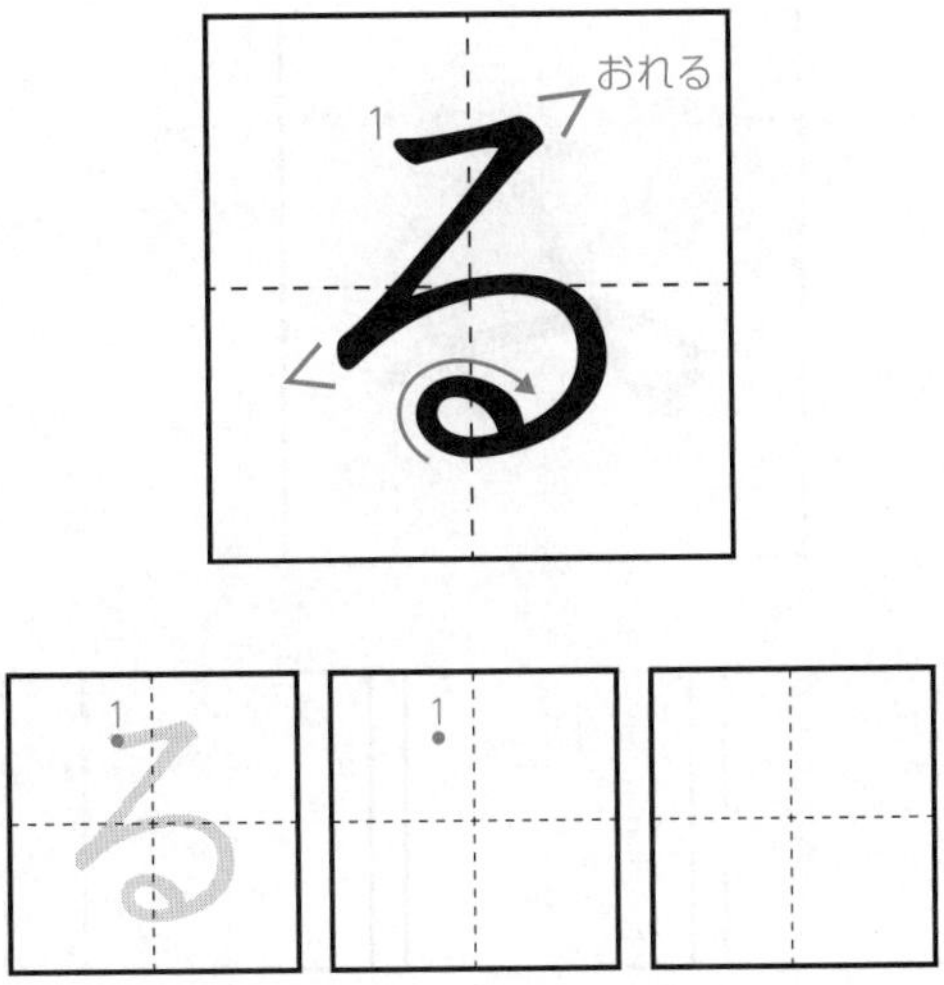
る
1
おれる

ひだりはらい・みぎはらい

- 絵の運筆をなぞってから、ひらがなの練習をしましょう。
- 左右ではらいの形が違うことにも注目しましょう。

あ
1 2 3
はらう

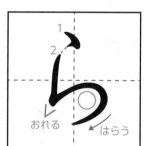

ら
1 2
おれる
はらう

み
1 2
おれる
はらう

め
1 2
はらう

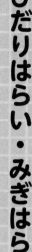

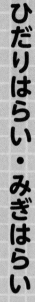

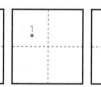

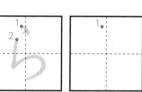

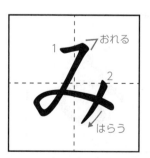

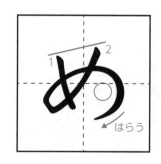

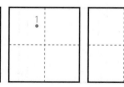

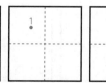

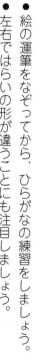

も
1 2 3
はらう

む
1 2 3
はらう

も も

む む

れ
1 おれる
2
はらう

ん
1
おれる
はらう

れ れ

ん ん

むすび／まとめ①

● 絵の運筆をなぞってから、ひらがなの練習をしましょう。
● むすびにはたてと横があります。違いに注意しましょう。

よ（とめる）

ま（とめる）

す（はらう）

ぬ（とめる）

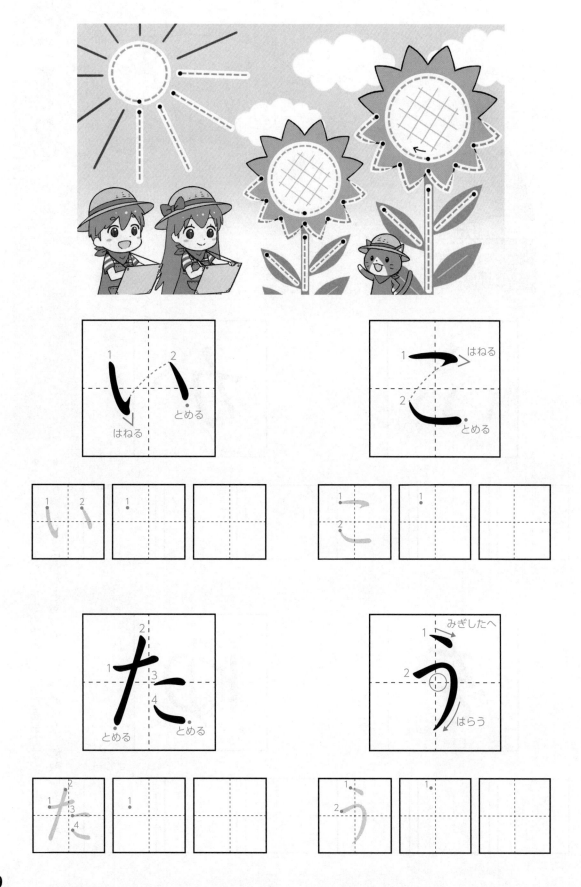

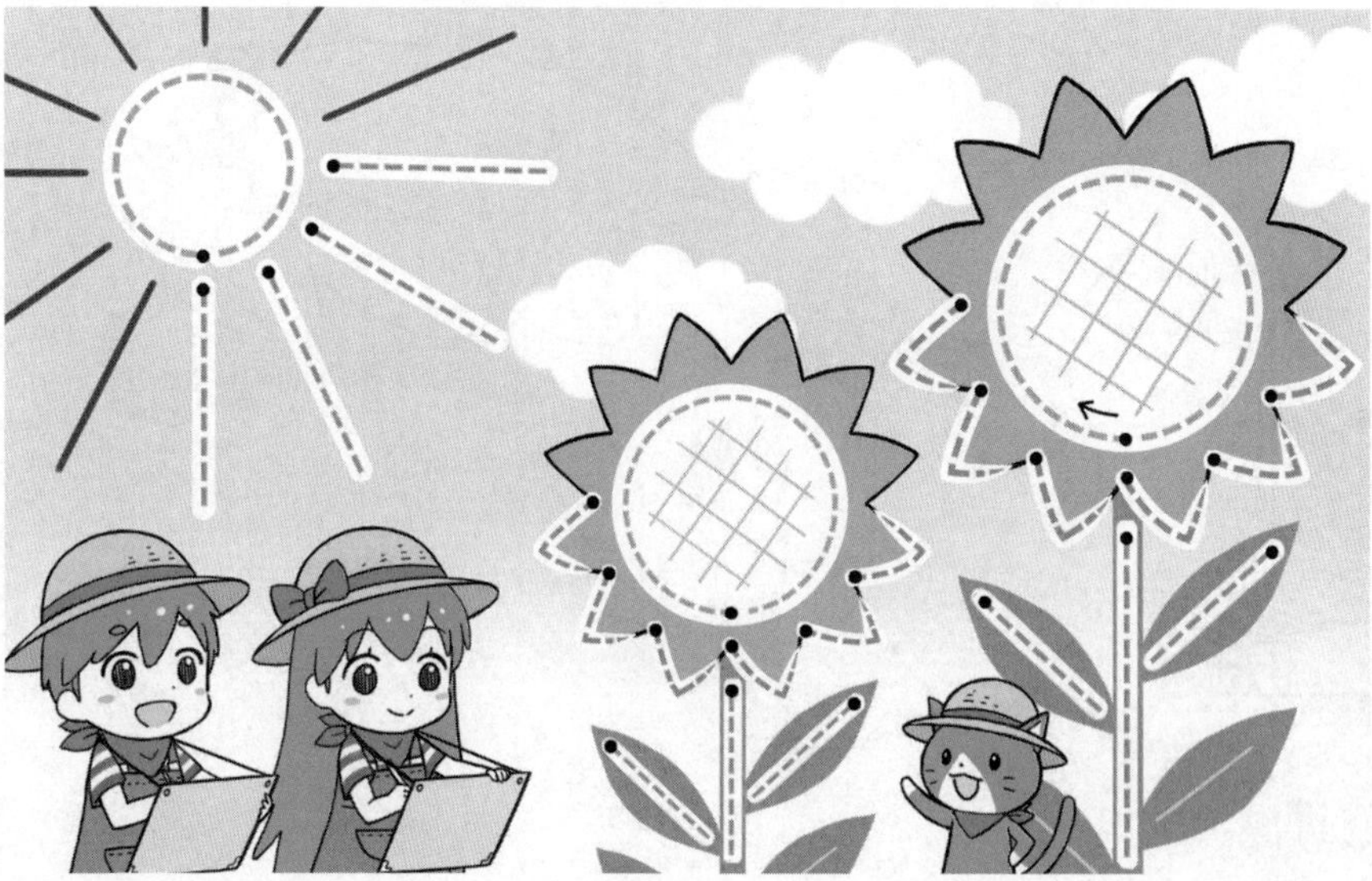

い

1 2

はねる とめる

こ

1 2

はねる とめる

た

1 2 3 4

とめる とめる

う

1 2

みぎしたへ はらう

まとめ②

●これまで出てきたすべての要素が入った運筆です。
●形が複雑なひらがなをあつめました。くり返し練習しましょう。

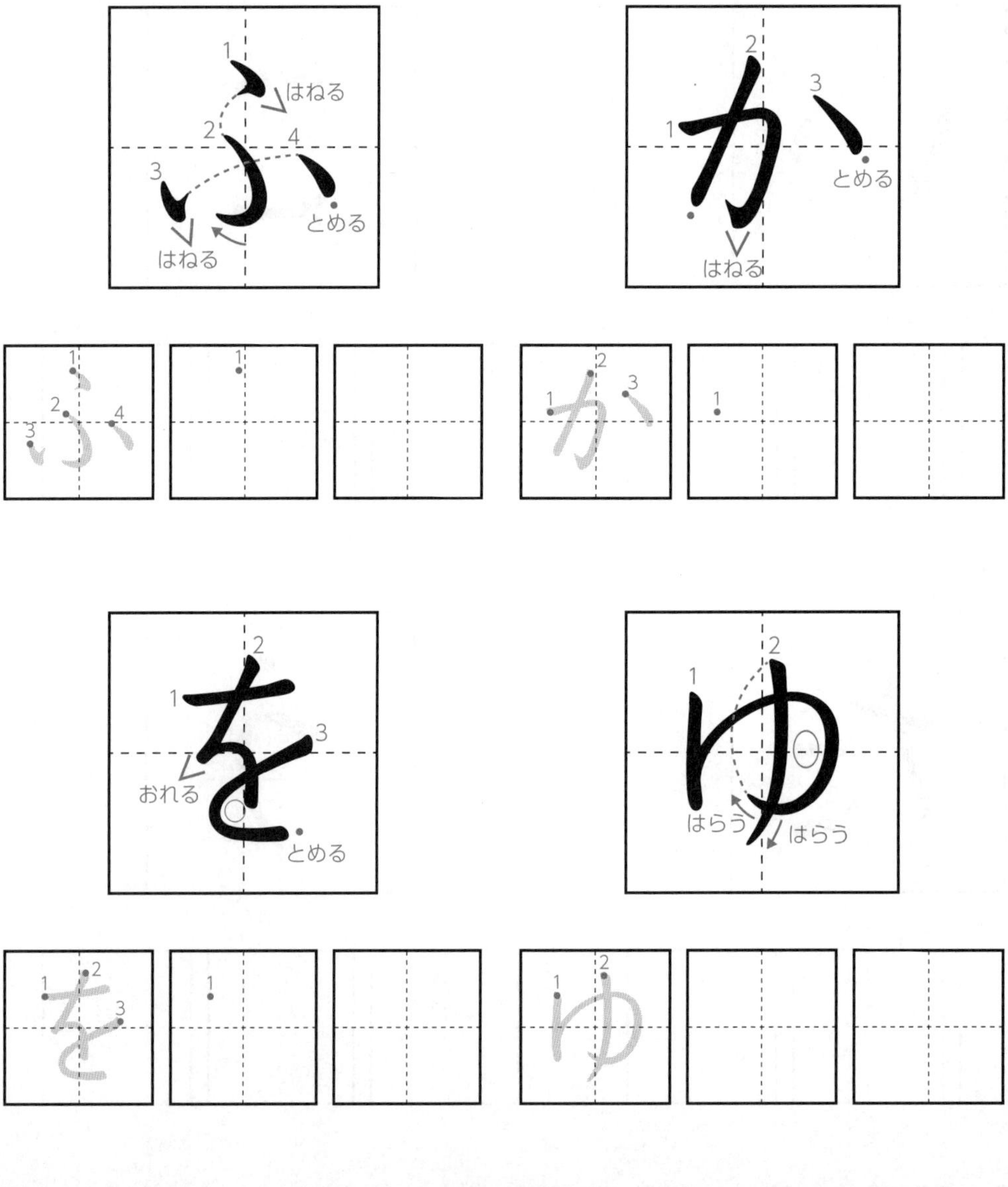

えに　あう　ことばを　かきましょう。

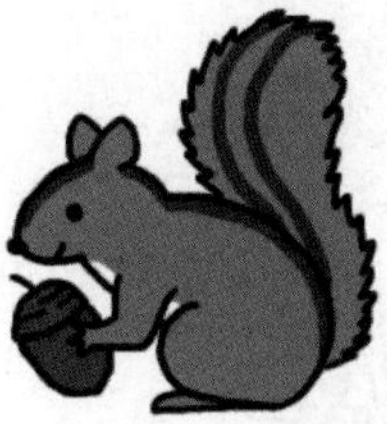

す

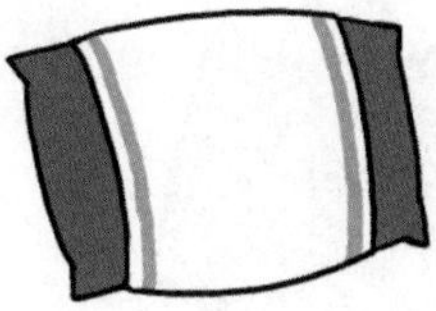

まら

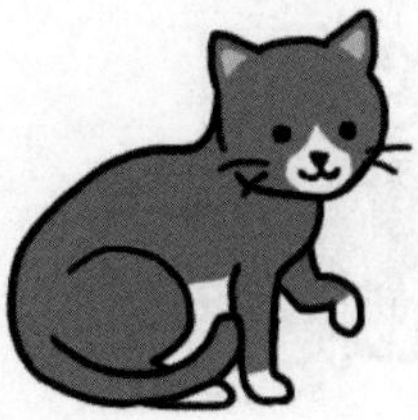

ね

とけ

（右上から）りす　まくら　ねこ　とけい

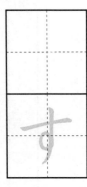

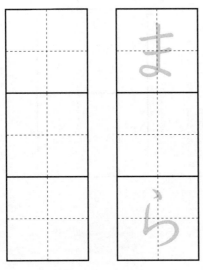

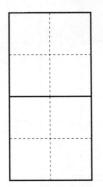

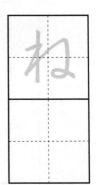

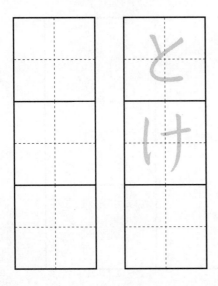

えに　あう　ことばを　かきましょう。

や
ま

き
ね

さ
ふ

か

えに あう ことばを かきましょう。

たいよう

てつぼう

せっけん

あさがお

ひらがなの　ひょうを　かんせいさせましょう。

					な				
を		(い)						き	
		(え)			ね		せ		え
									お

ぜんぶ　かけたら
おうちの　ひとに　みせよう！

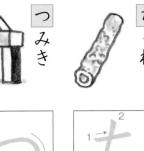

はじめのべんきょう

ひらがな・かたかなの　おさらい②

きょうかしょ　上8〜105ページ

月　　日

たこ

た　タ

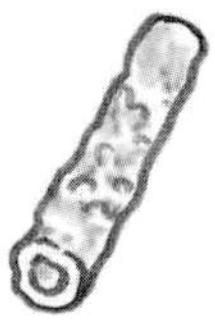

ちくわ

ち　チ

つみき

つ　ツ

てつぼう

て　テ

とけい

と　ト

なす

な　ナ

にわとり

に　ニ

ぬりえ

ぬ　ヌ

ねずみ

ね　ネ

のはら

の　ノ

はち

は　ハ

ひこうき

ひ　ヒ

ふね

ふ　フ

へちま

へ　ヘ

ほし

ほ　ホ

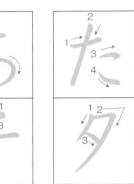

はじめの べんきょう

ひらがな・かたかなの おさらい③

月　　日

まくら

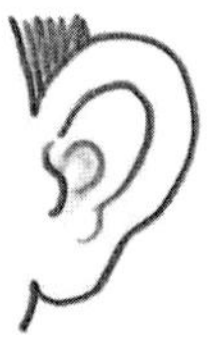
みみ

むしめがね

めだか

もり

ま　マ　み　ミ　む　ム　め　メ　も　モ

やかん

ゆかた

ようかん

や　ヤ　ゆ　ユ　よ　ヨ

゛や ゜が つく かなも、きちんと かきましょう。ちいさく かく 「っ」「ゃ・ゅ・ょ」も、ただしく つかいましょう。

゛が つく じ

がぎぐげご　ガギグゲゴ
ざじずぜぞ　ザジズゼゾ
だぢづでど　ダヂヅデド
ばびぶべぼ　バビブベボ

が　ガ

゜が つく じ

ぱぴぷぺぽ　パピプペポ

ぱ　パ

きょうかしょ
上8〜105ページ

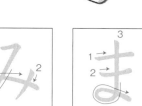

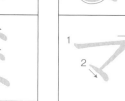

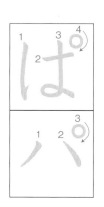

はじめの べんきょう

ひらがな・かたかなの おさらい④

きょうかしょ 上8〜105ページ

月　　日

らくだ

りんご

するめ

れんこん

ろば

ら　ラ

り　リ

る　ル

れ　レ

ろ　ロ

わし

きを　きる

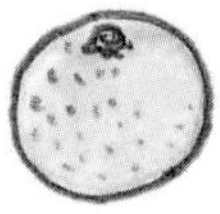

みかん

わ　ワ

を　ヲ

ん　ン

ひらがなも
かたかなも、
ていねいに
なぞれましたか。

ちいさく　かく　じ

っ

つ　ツ

やゆよ

や　ヤ

たてに　かく　ときは、
みぎうえに　ちいさく。

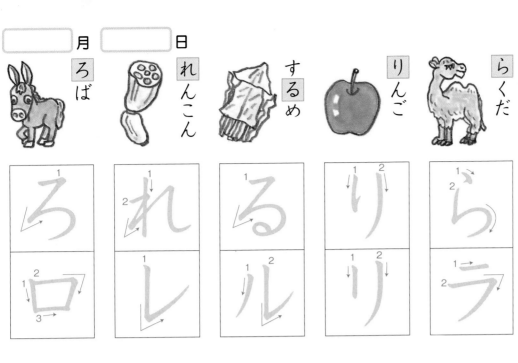

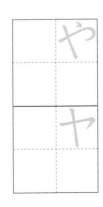

なつの チャレンジテスト①

じかん30ぷん
/100
ごうかく80てん

きょうかしょ 上8〜105ページ
こたえ 2ページ

1 えを みて、□に あう ひらがなを かきましょう。
一《ひと》つ4てん（32てん）

①

□す

□す

②

い□

か□

③

□こ

□に

④

□し

□し

2 □に あう ちいさい 「っ」と 「や・ゆ・よ」を かきましょう。
一つ4てん（24てん）

① が□こう

② じ□んけん

③ とし□かん

④ かけ□こ

⑤ ぎ□うに□う

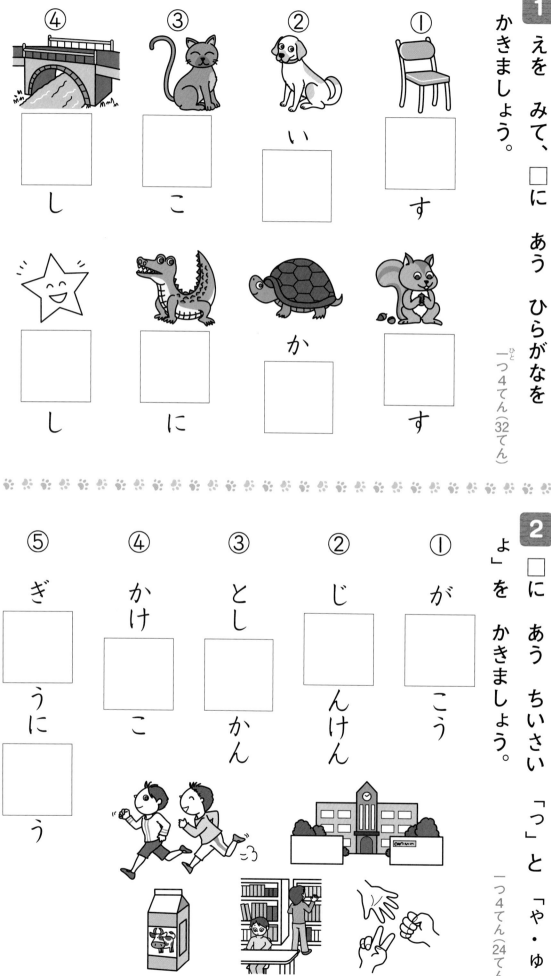

月　日

3 「は・へ・を」を　つかわないと　いけない　じに　×を　つけて、みぎに　ただしい　じを　かきましょう。

一つ2てん（20てん）

〈れい〉おとうと~~わ~~（は）　けんか~~お~~（を）　した。

① わたしわ　へちまの　えお　かいた。

② やまえ　くりお　ひろいに　いこう。

③ みんなわ　おにごっこお　した。

④ べんとうお　もって　うみえ　いく。

⑤ にわとりわ　にわお　かけまわった。

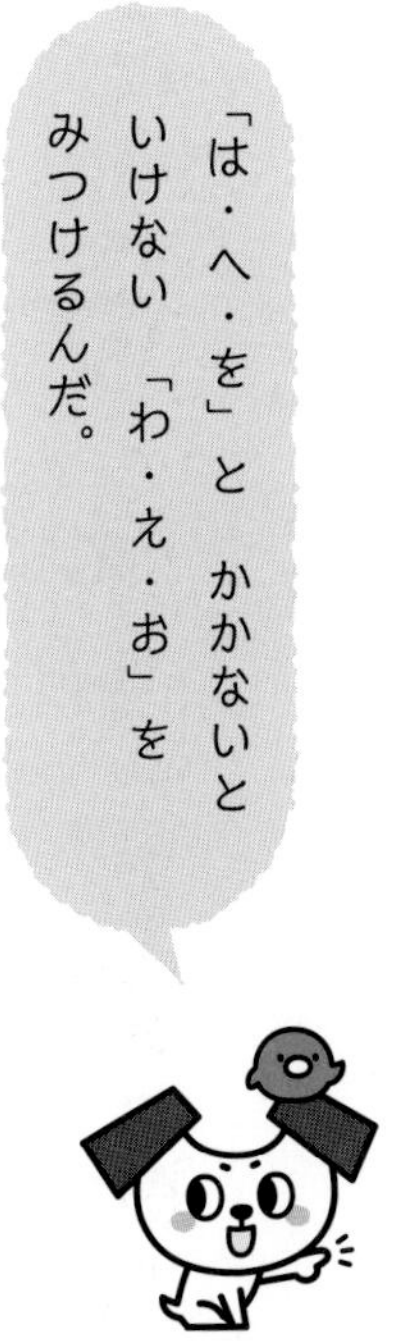
「は・へ・を」と　かかないと
いけない　「わ・え・お」を
みつけるんだ。

4 かたかなを　なぞって、たべものの　なまえを　かんせいさせましょう。

一つ4てん（24てん）

① 
バナナ

② 
トマト

③ 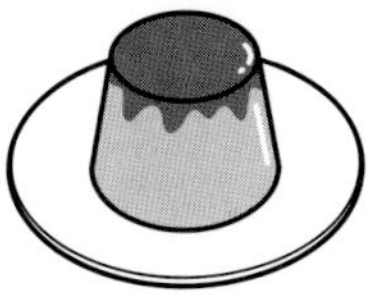
プリン

④ 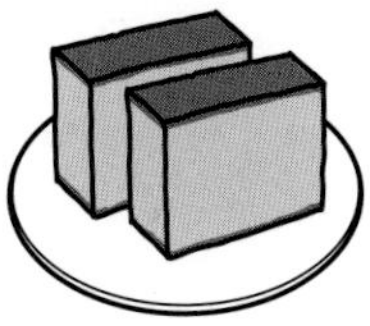
カステラ

⑤ 
キャベツ

⑥ 
ドーナツ

なつの　チャレンジテスト②

じかん30ぷん
／100
ごうかく80てん

きょうかしょ
上8〜105ページ
こたえ
2ページ

1 えを　みて、□に　あう　ひらがなを　かきましょう。
一《ひと》つ4てん（32てん）

① 
□る

② 
か□

③ 
□ね

④ 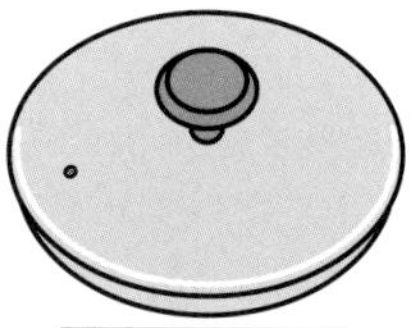
□た

□る

か□

かっ□

きっ□

2 □に　ひらがなを　いれて、かぞくの　よびかたに　しましょう。
一つ4てん（20てん）

① おか□さん

② おと□さん

③ おに□さん

④ おね□さん

⑤ いも□と

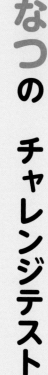

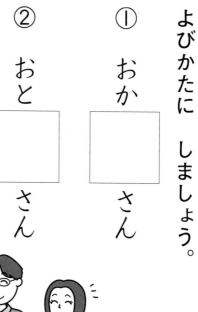

月　日

3 □に　あう　ひらがなを　いれて、しりとり　を　しましょう。

一つ4てん（24てん）

い

ず　う

4 うすい　もじを　なぞって、かたかなの　れんしゅうを　しましょう。

一つ4てん（24てん）

① てれび　テレビ

② ぺんぎん　ペンギン

③ とらっく　トラック

④ しゃつ　シャツ

⑤ さっかあ　サッカー

⑥ すぷうん　スプーン

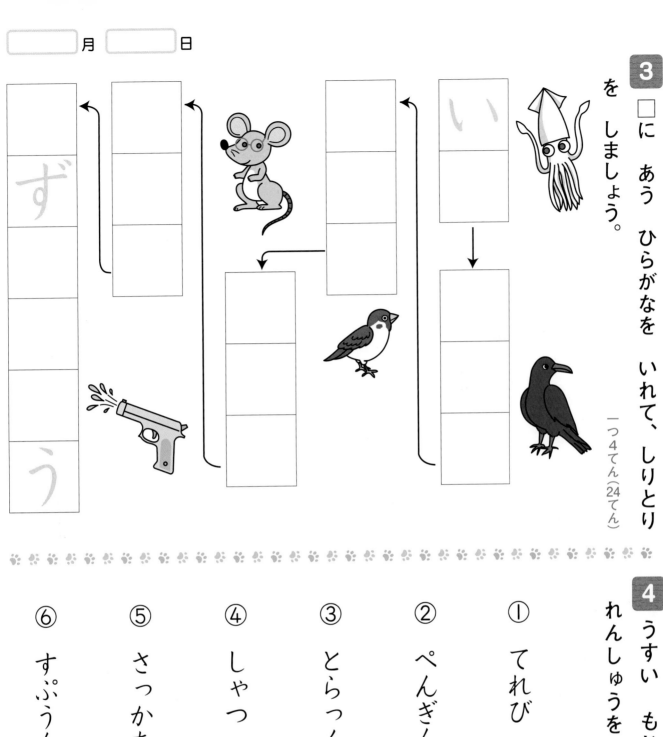

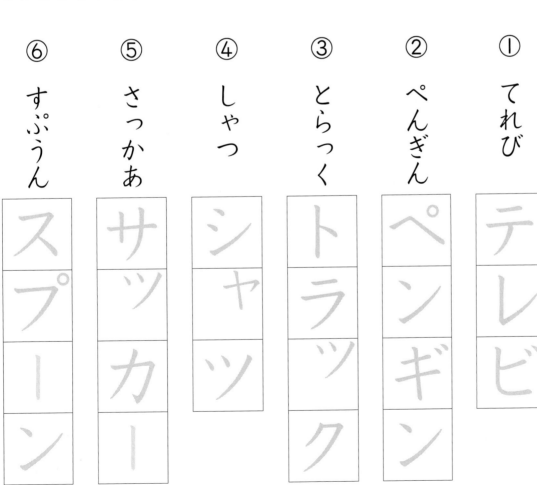

月　日

ぴったり1 じゅんび

かぞえうた

きょうかしょ 上114～117ページ

あたらしく がくしゅうする かんじ

きょうかしょ上114ページ

一（とめる）

よみかた
イチ（イッ）
イツ
ひと
ひとつ

つかいかた
一《いち》まいの かみ
一《ひと》くち たべる
おにぎりが 一《ひと》つ

かきじゅん　かいて おぼえましょう

1 一

一《いち》

1かく

できかた

ものが ひとつ ある しるしから できた。

なぞりましょう

はこが 一つ
こいぬが 一ぴき

きょうかしょ上114ページ

二（みじかく・ながく）

よみかた
ニ
ふた
ふたつ

つかいかた
二《に》けんの いえ
二《ふた》くち たべる
おにぎりが 二《ふた》つ

かきじゅん　かいて おぼえましょう

1 二
2 二

二《に》

2かく

できかた

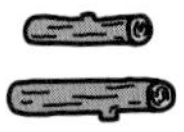

ものが ふたつ ある しるしから できた。

なぞりましょう

二つ ずつ くばる
こぶたが 二ひき

かんじの たしざんを やって みよう

一 ＋ 二 ＝ □

さんすうの 1+2と おなじだね。

こたえは 13ページ

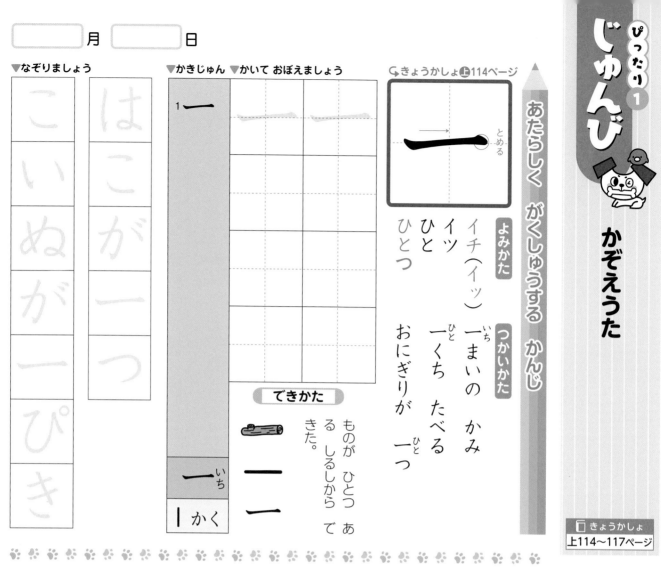

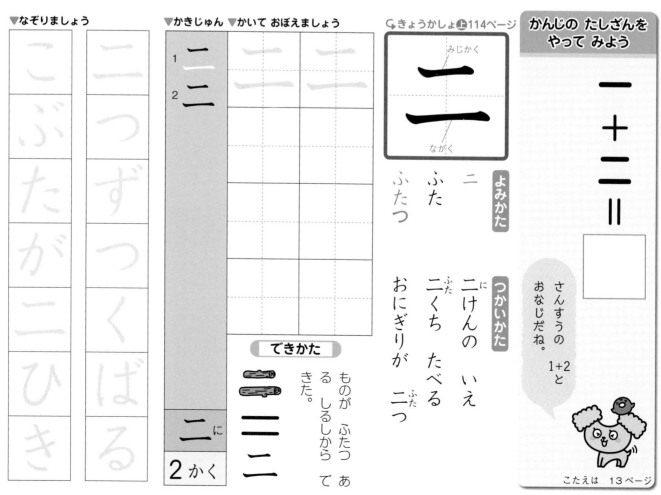

月　日

三

きょうかしょ上114ページ

三（ながく）

よみかた
サン
み
みつ
みっつ

つかいかた
三《さん》びきの　ねこ
三《み》つおり
おにぎりが　三《みっ》つ

▼かきじゅん
1 2 3
一《いち》
3かく

▼かいて　おぼえましょう

できかた

ものが　みっつ　ある　しるしから　できた。

▼なぞりましょう
みかんが三つ
三つかぞえる
三かいまわる
こうまが三とう

四

きょうかしょ上114ページ

四（はらう）

よみかた
シ
よ・よつ
よっつ
よん

つかいかた
三《さん》かくと　四《し》かく
四《よっ》つに　わける
四《よん》ばんめ

▼かきじゅん
1 2 3 4 5
囗《くにがまえ》
5かく

▼かいて　おぼえましょう

よみがな
○四《よ》つば　×四《よっ》つば
○四《よ》つかど　×四《よっ》つかど

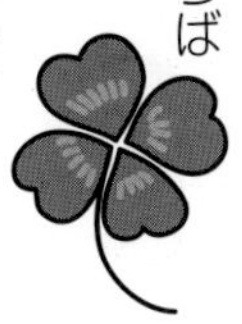

▼なぞりましょう
四かく
ももが四つ
四せきのふね
こうしが四とう

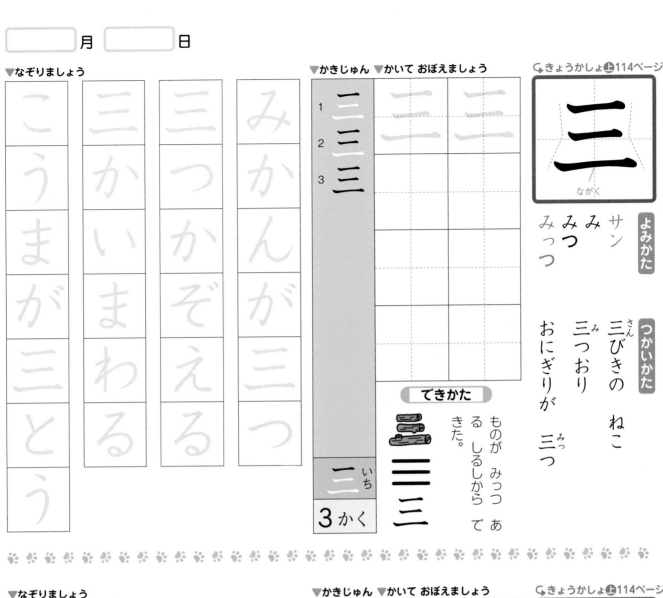

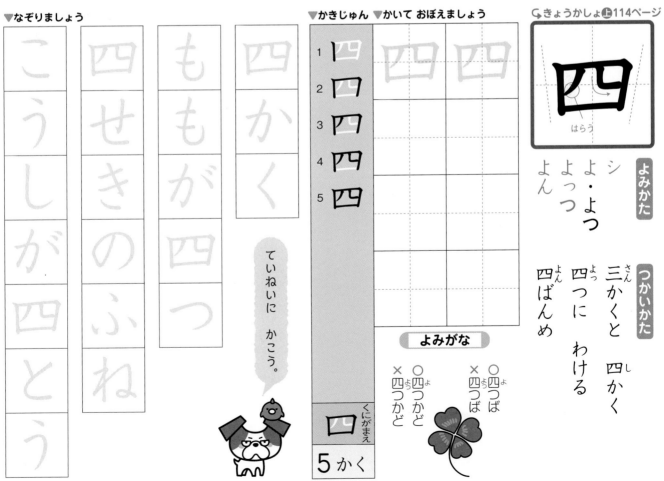

月 日

五

きょうかしょ上114ページ

五

ななめに

ながく

よみかた

ゴ

いつ

いつつ

つかいかた

こどもが　五《ご》にん

五月五日《ごがついつか》

五《いつ》つの　たま

かきじゅん

1 五
2 五
3 五
4 五

五 に

4かく

かいて おぼえましょう

五　五

おくりがな

○五《いつ》つ

×五《い》つつ

なぞりましょう

五ばんめ

五つかぞえる

五さつのノート

にわとりが五わ

六

きょうかしょ上115ページ

六

つける

はらう

とめる

よみかた

ロク（ロッ）

む・むつ

むっつ

むい

つかいかた

すずめが　六《ろく》わ

六《むっ》つ　かぞえる

六月六日《ろくがつむいか》

かきじゅん

1 六
2 六
3 六
4 六

六 はち

4かく

かいて おぼえましょう

六　六

かたちの にた じ

文《ぶん》　六

ちがいに ちゅうい！

なぞりましょう

六ばんめ

六つずつ

六さつのほん

カナリアが六わ

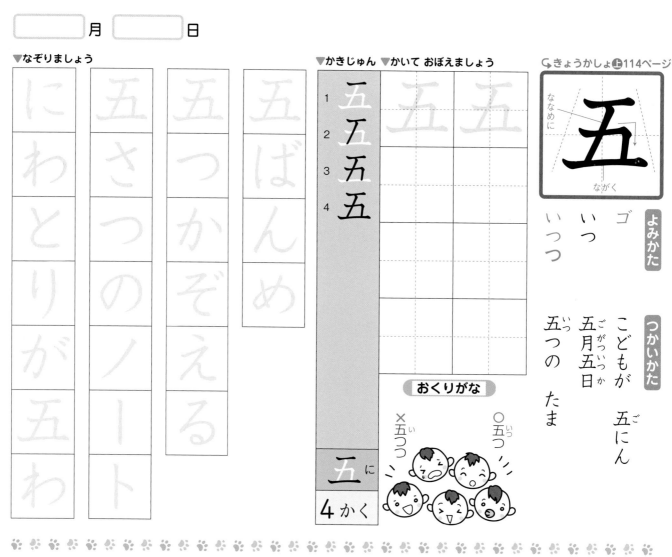

月　日

七

きょうかしょ上115ページ

七（とめる）

よみかた

シチ
なな
ななつ
なの

つかいかた

七五三《しちごさん》
七《なな》つに なる
七月七日《しちがつなのか》

かきじゅん　**かいて おぼえましょう**

1 七　2 七

七《いち》

2かく

一口《くち》ちしき

「七五三」は、三さい、五さい、七さいの こどもの おいわい。

なぞりましょう

七五三
七つに なる
七まいの はがき
バイクが 七だい

「七《しち》まい・七《しち》だい」は、「七《なな》まい・七《なな》だい」とも よめるよ。

八

きょうかしょ上115ページ

八（あける・はらう）

よみかた

ハチ（ハッ）
や・やつ
やっつ
よう

つかいかた

八《はち》にんの こども
八《やっ》つに わける
八月八日《はちがつようか》

かきじゅん　**かいて おぼえましょう**

1 八　2 八

八《はち》

2かく

かたちの にた じ

八（かんじ）　ハ（かたかな）

ちがいに ちゅうい！

なぞりましょう

八ばんめ
八つに わける
八まいの おさつ
くるまが 八だい

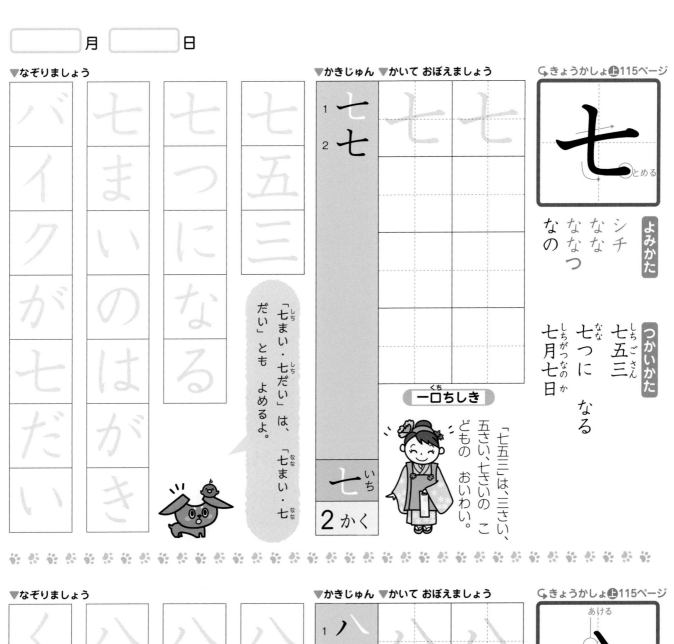

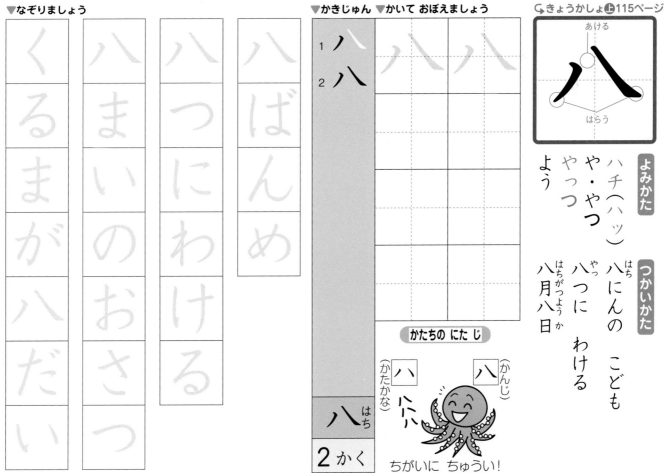

月 日

きょうかしょ上115ページ

九

うえに はねる　はらう

よみかた

キュウ
ク
ここの
ここのつ

つかいかた

九《きゅう》ひきの ねずみ
九月九日《くがつここのか》
九《ここの》つ かぞえる

▼かきじゅん

1 九
2 九

九 おつ（おつにょう）

2かく

▼かいて おぼえましょう

九 九

かたちの にた じ

力《ちから》　九

ちがいに ちゅうい！

▼なぞりましょう

九つかぞえる
ビルの九かい
九にんのこども
こざるが九ひき

きょうかしょ上115ページ

十

おなじ ながさ　まんなかを とおす

よみかた

ジュウ
ジッ〈ジュッ〉
とお
と

つかいかた

十《じゅう》にんの こども
十《じっ》ぽんの えんぴつ
十月十日《じゅうがつとおか》

▼かきじゅん

1 一
2 十

十《じゅう》

2かく

▼かいて おぼえましょう

十 十

よみがな

「じっぴき」、「じゅっぴき」と よもう。

▼なぞりましょう

十にん
十ぽん
十までかぞえる
ひつじが十とう

「一」から「十」まで かぞえながら、かずの かんじを れんしゅう しよう。

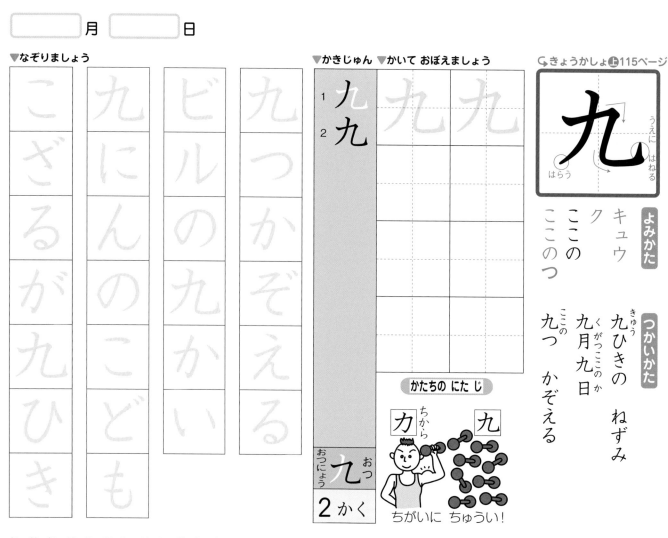

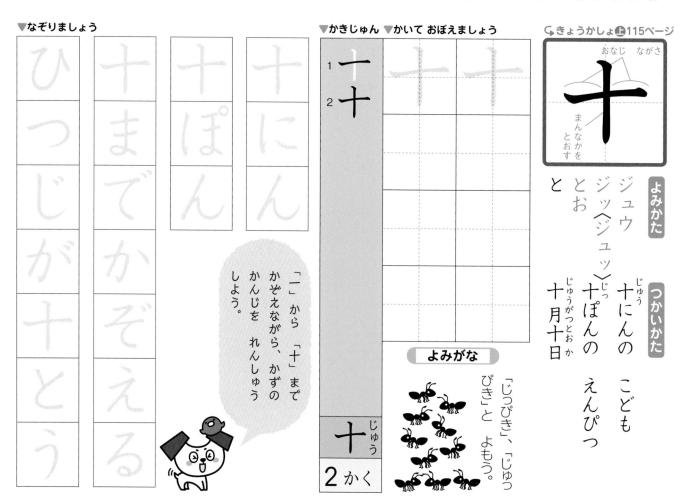

ぴったり2 れんしゅう

かぞえうた

□月 □日

1 かんじを よみましょう。

①おにぎりが 二（　　）つ。

②三（　　）つ かぞえる。

③ほしが 五（　　）つ ひかる。

④七（　　）つに なる。

⑤九（　　）ひきの いぬ。

⑥えんぴつが 十（　　）ぽん。

2 □に かんじを かきましょう。

①はがきが □《いち》まい。

②□《に》わの すずめ。

③□《さん》にんの こども。

④いちごが □《よっ》つ。

⑤□《ご》とうの うし。

⑥□《ろっ》けんの いえ。

⑦□《なな》だいの くるま。

⑧ハンカチが □《はち》まい。

⑨□《く》がつに なる。

⑩□《とお》かかんの りょこう。

きょうかしょ 上114〜117ページ
こたえ 3ページ

□月 □日

ぴったり2 れんしゅう

かぞえうた

1 かんじを よみましょう。

①（　　）一つの ほし。

②（　　）四ばんめに ならぶ。

③（　　）六つに わける。

④（　　）八つ かぞえる。

⑤ くるまが（　　）九だい。

⑥（　　）十まで かぞえる。

2 □に かんじを かきましょう。

① えんぴつが □《に》ほん。

② □《さん》かくじょうぎ

③ □《ご》ひきの ねこ。

④ □《ろく》にんで あそぶ。

⑤ □《なな》いろの にじ。

⑥ □《しち》がつ うまれ。

⑦ □《はっ》ぴきの ねこ。

⑧ □《ここの》つ かぞえる。

⑨ □《く》じに ねる。

⑩ □《じっ》ぴきの うま。

きょうかしょ 上114〜117ページ
こたえ 3ページ

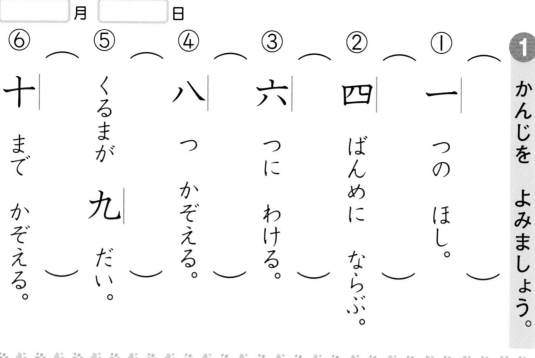

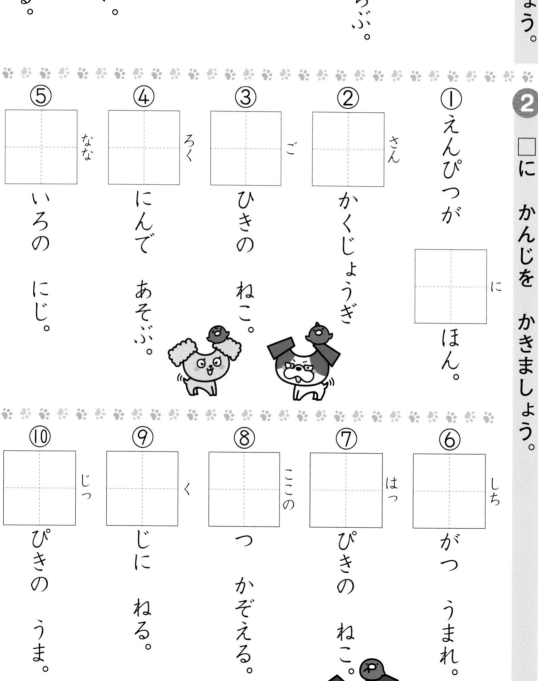

月　　日

ぴったり1 じゅんび

かんじの はなし

きょうかしょ 上126〜129ページ

あたらしく がくしゅうする かんじ

きょうかしょ上126ページ

山

ながく　すこし　だす

よみかた

サン
やま

つかいかた

ふじ山《さん》
山《やま》に のぼる
たかい 山《やま》

できかた

やまの かたちから できた。

かきじゅん

1 2 3

山《やま》

3かく

かいて おぼえましょう

山　山

なぞりましょう

山の いただき

けわしい 山みち

かんじの たしざんを やって みよう

人＋十＝□

こたえは　13ページ

きょうかしょ上126ページ

木

はらう　とめる　はらう

よみかた

ボク
モク
き
こ

つかいかた

大木《たいぼく》を きる
木《もく》ようび
木《き》に のぼる

できかた

じめんから きが はえて いる かたちから できた。

かきじゅん

1 2 3 4

木《き》

4かく

かいて おぼえましょう

木　木

なぞりましょう

木を うえる

ももの木

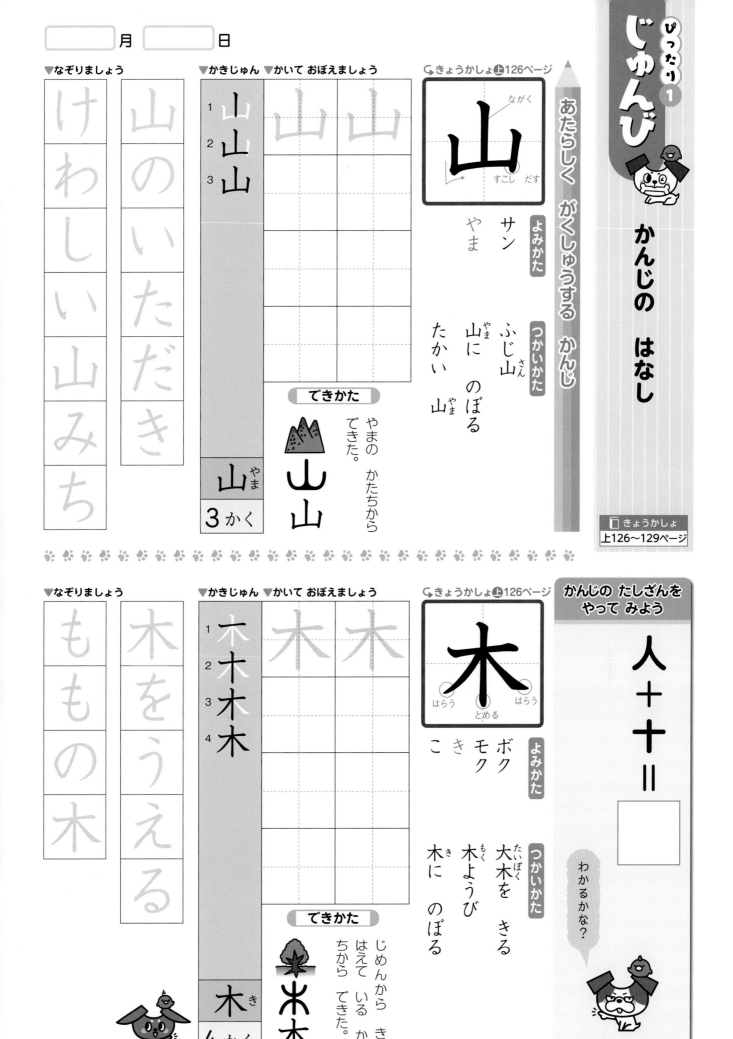

月　　日

きょうかしょ上127ページ

川

ながく
はらう
とめる

よみかた
かわ
◆セン

つかいかた
川《かわ》が ながれる
川上《かわかみ》と 川下《かわしも》
はるの 小川《おがわ》

かきじゅん　**かいて おぼえましょう**

1 2 3

川《かわ》
3かく

できかた

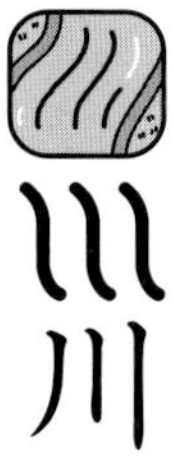

水《みず》の ながれて いる かわの かたちから できた。

なぞりましょう

川ぎし
川で あそぶ
たに川の ながれ
あまの川を みる

きょうかしょ上127ページ

目

あきが
おなじ

よみかた
モク
め
◆ボク
◆ま

つかいかた
目《もく》てきの ばしょ
目《め》の まえ
目《め》が さめた

かきじゅん　**かいて おぼえましょう**

1 2 3 4 5

目《め》
5かく

できかた

めの かたちから できた。

なぞりましょう

目で みる
目を ひらく
はなと 目と くち
ひどい 目に あう

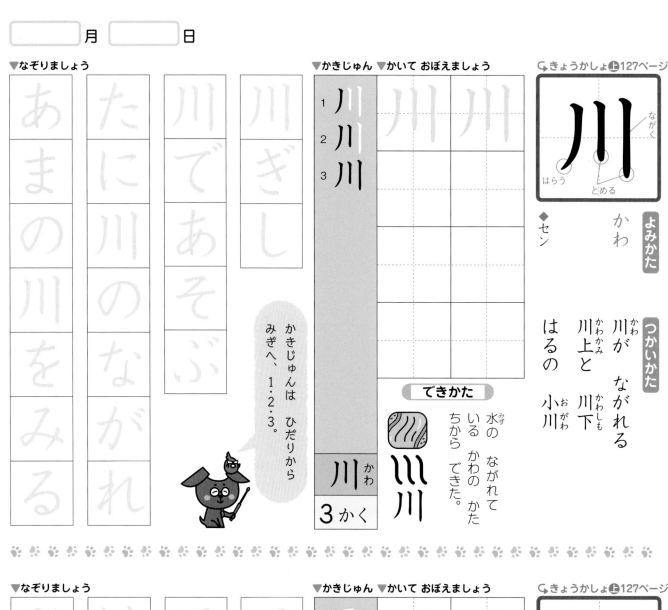

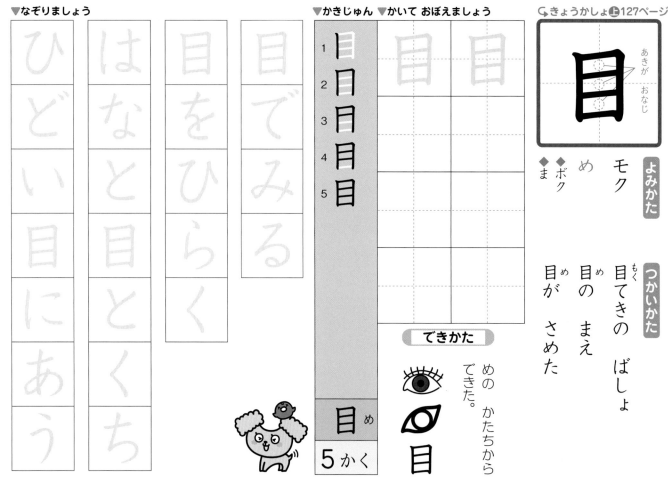

月　　日

月

きょうかしょ上127ページ

月

はらう　はねる

よみかた

ガツ
ゲツ
つき

つかいかた

お正月《しょうがつ》
月《げつ》よう日《び》
月《つき》が　でた

かきじゅん

1 月
2 月
3 月
4 月

月　つき

4かく

かいて　おぼえましょう

月　月

できかた

みかづきの　かたちから　できた。

なぞりましょう

月のひかり

たいようと月

月にてらされる

まるいお月さま

上

きょうかしょ上128ページ

上

まんなかに　おろす　とめる

よみかた

ジョウ
うえ・うわ
かみ・あげる
あがる・のぼる
◆ショウ
◆のぼせる・のぼす

つかいかた

ビルの　屋上《おくじょう》
つくえの　上《うえ》
もち上《あ》げる

かきじゅん

1 上
2 上
3 上

上　いち

3かく

かいて　おぼえましょう

上　上

できかた

うえに　ものが　ある　ことを　しめす　しるしから　できた。

なぞりましょう

山の上

くもの上

上にのせる

上からみおろす

○上《あ》げる　×上《あげ》る
○上《のぼ》る　×上《の》ぼる
おくりがなに　ちゅうい！

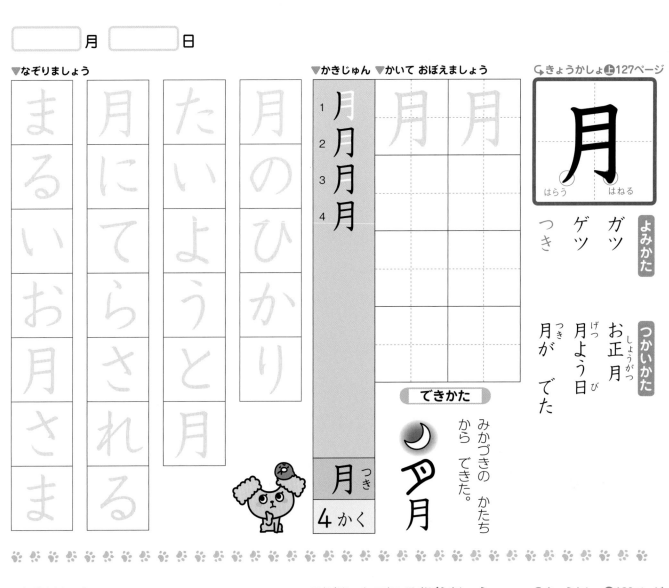

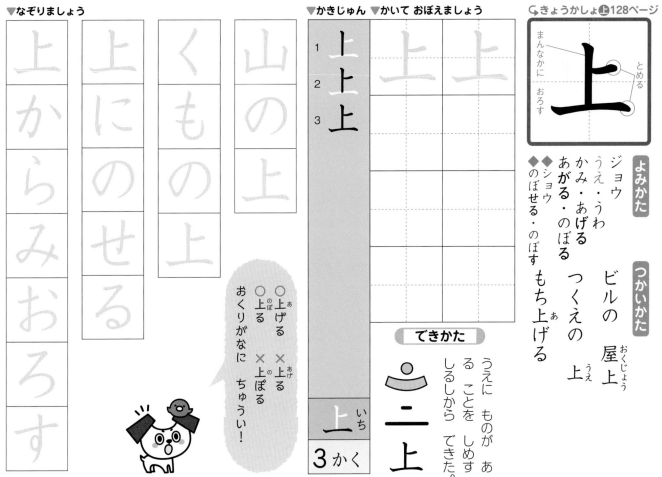

月　日

きょうかしょ上128ページ

下

とめる

よみかた
カ・ゲ
した・しも・さげる
さがる・くだる
くだす・くださる
おろす・おりる
◆もと

つかいかた
ろう下《か》・上下《じょうげ》
つくえの 下《した》
あたまを 下《さ》げる

▼かきじゅん ▼かいて おぼえましょう

1 下 2 下 3 下

下《いち》

3かく

できかた

したに ものが ある ことを しめす しるしから できた。

▼なぞりましょう

木の下

上と下

下じきにする

とし下のこども

上↕下 はんたいの かんじを おぼえよう。

かんじクイズ 1

かんじが 3つ かくれて いるよ。
みつけて □に かこう。

こたえ □・□・□

こたえ↓13ページ

ぴったり2 れんしゅう

かんじの はなし

きょうかしょ 上126～129ページ
こたえ 3ページ

□月 □日

1 かんじを よみましょう。

① 山（　） みちを あるく。

② おおきな 木（　）。

③ 川（　）が ながれる。

④ 目（　）を ひらく。

⑤ 月（　）が きれい。

⑥ 上（　）に のぼる。

2 □に かんじを かきましょう。

① □《した》に おりる。

② □《やま》に のぼる。

③ たかい □《やま》。

④ □《き》が はえている。

⑤ つめたい □《かわ》。

⑥ □《かわ》の そば。

⑦ □《め》を とじる。

⑧ まるい □《つき》。

⑨ □《つき》が でる。

⑩ かいだんの □《うえ》。

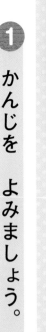

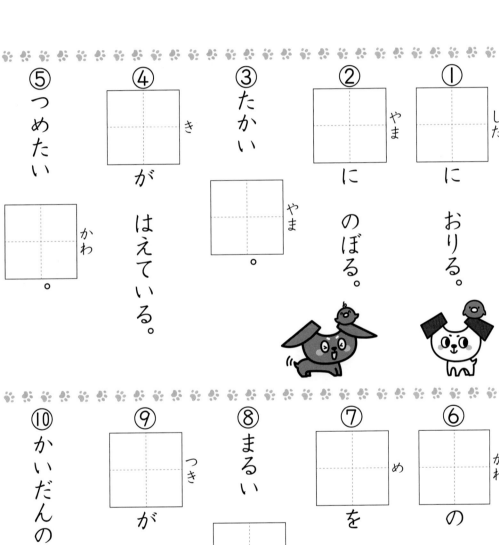

月　　日

ぴったり2 れんしゅう

かんじの はなし

1 かんじを よみましょう。

①（　　）つくえの 下。

②（　　）とおくの 山。

③（　　）くりの 木。

④（　　）川で あそぶ。

⑤（　　）ねこの 目。

⑥（　　）月の ひかり。

2 □に かんじを かきましょう。

① □《うえ》に のせる。

② とし□《うえ》の おにいさん。

③ □《した》じきを つかう。

④ □《した》に おく。

⑤ □《やま》と たに。

⑥ おおきな □《き》。

⑦ □《き》で できた いす。

⑧ □《かわ》に はいる。

⑨ □《め》が まわる。

⑩ きいろの □《つき》。

きょうかしょ 上126～129ページ
こたえ 3ページ

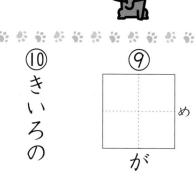

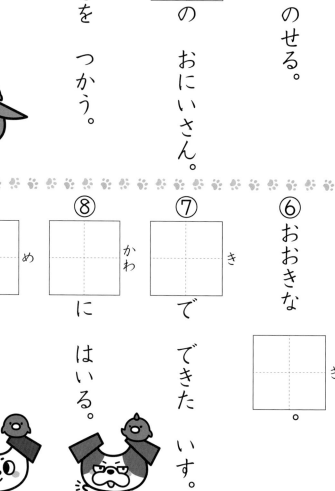

月　　日

ぴったり1 じゅんび

サラダで げんき

きょうかしょ 下5〜19ページ

あたらしく がくしゅうする かんじ

きょうかしょ下8ページ

中

まんなかに　まっすぐ

よみかた

チュウ
ジュウ
なか

つかいかた

中学生《ちゅうがくせい》
せかい中《じゅう》
おはなしの 中《なか》

かきじゅん

1 2 3 4 中

たてぼう（ぼう）

4かく

かいて おぼえましょう

中　中

できかた

中 中

はたざおを まんなかに たてた かたちから できた。

なぞりましょう

いえの中

山の中をあるく

上・中・下
ひとまとめで
おぼえよう。

きょうかしょ下8・10ページ

大

とめる

はらう

よみかた

ダイ・タイ
おお
おおきい
おおいに

つかいかた

大《だい》すき・大《たい》りょう
大《おお》きな いわ
大《おお》いに よろこぶ

かきじゅん

1 2 3 大

大《だい》

3かく

かいて おぼえましょう

大　大

できかた

大 大

てあしを ひろげた ひとの かたちから できた。

なぞりましょう

こえが大きい

大きなくりの木

かんじの たしざんを やって みよう

一 ＋ 人 ＝ □

これから ならう かんじだよ。

こたえは　13ページ

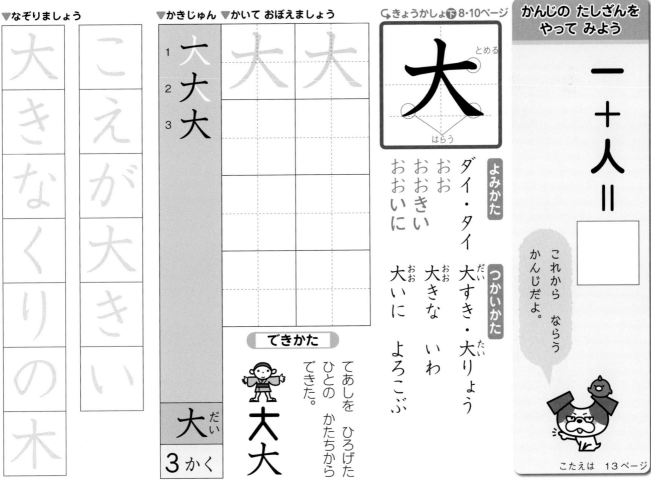

月　日

きょうかしょ 下 8ページ

入

つける
はらう
はらう

よみかた

ニュウ
いる
いれる
はいる

つかいかた

入学式《にゅうがくしき》
はこに 入《い》れる
へやに 入《はい》る

▼かきじゅん ▼かいて おぼえましょう

1 入
2 入

入《いる》
2 かく

できかた

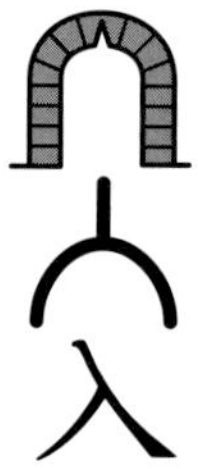

いえの いりぐちの かたちから できた。

▼なぞりましょう

目に ごみが 入る
はこに 入れる
中に 入る
みずを 入れる

きょうかしょ 下 10ページ

犬

わすれずに
はらう

よみかた

ケン
いぬ

つかいかた

けいさつ犬《けん》
犬《いぬ》を かう
かわいい 犬《いぬ》

▼かきじゅん ▼かいて おぼえましょう

1 犬
2 犬
3 犬
4 犬

犬《いぬ》
4 かく

できかた

いぬの かたちから できた。

▼なぞりましょう

犬の さんぽ
大きな 犬を かう
二ひきの 犬
小さな 犬が いる

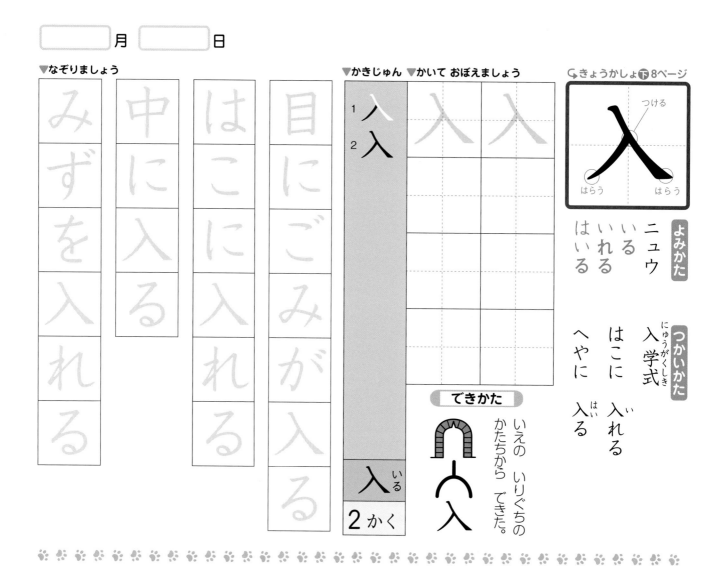

月　日

きょうかしょ下12ページ

小

はらう　はねる　とめる

よみかた
ショウ
ちいさい
こ
お

つかいかた
小学生《しょうがくせい》
小《ちい》さい　たこ
小《こ》ごえ・小川《おがわ》

▼かきじゅん　▼かいて　おぼえましょう

1 2 3

小《しょう》
3かく

できかた

ちいさな　てんを　みっつ　ならべた　かたちから　できた。

▼なぞりましょう

小さなおうち
小さいいもうと
小さくきる
小さめにする

きょうかしょ下14ページ

白

つける

よみかた
ハク
しろ・しら
しろい
◆ビャク

つかいかた
白鳥《はくちょう》が　はばたく
白《しろ》ざとう
白《しろ》い　糸《いと》

▼かきじゅん　▼かいて　おぼえましょう

1 2 3 4 5

白《しろ》
5かく

できかた

どんぐりの　かたちから　できた。どんぐりの　みは　しろいからだよ。

▼なぞりましょう

白犬
白いろ
白くまのおやこ
白はたをあげる

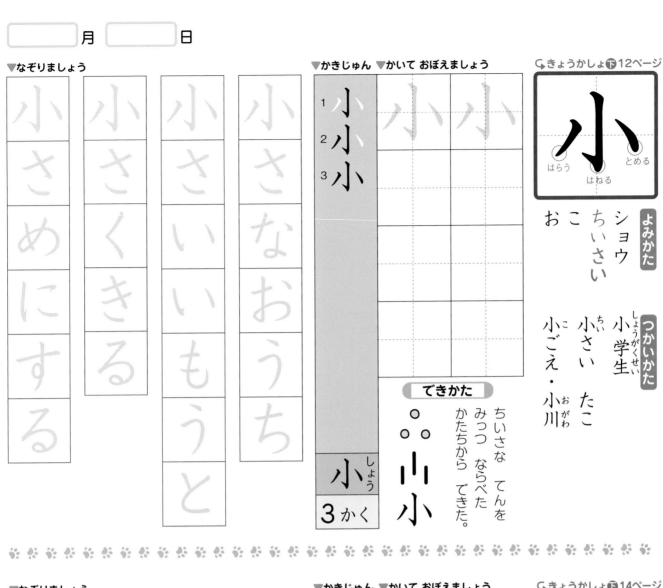

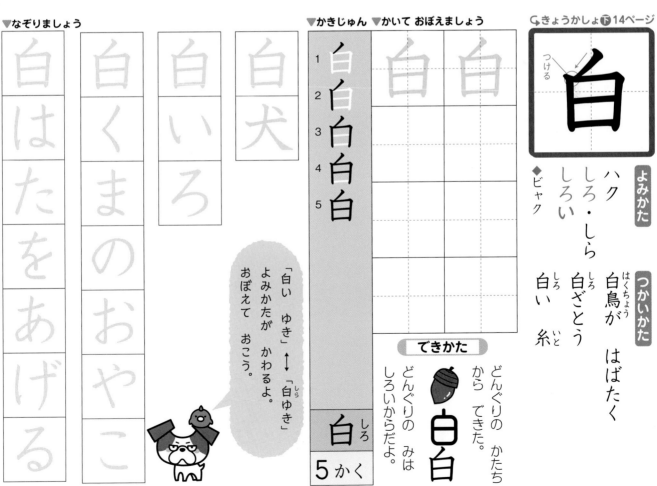

「白い　ゆき」↔「白《しら》ゆき」
よみかたが　かわるよ。
おぼえて　おこう。

月　日

きょうかしょ下14・17ページ

出

ながく　すこし　だす

よみかた

シュツ
でる
だす
◆スイ

つかいかた

たびに　出発《しゅっぱつ》する
そとへ　出《で》る
手《て》がみを　出《だ》す

かきじゅん　かいて おぼえましょう

1　2　3　4　5
出 うけばこ
5かく

はんたいの じ

入《はい》る　出る

なぞりましょう

たびに出る
こえを出す
大どおりに出る
ひの出をみる

きょうかしょ下16ページ

力

はらう　はねる

よみかた

リョク
リキ
ちから

つかいかた

体力《たいりょく》を　つける
馬力《ばりき》
力《ちから》いっぱい

かきじゅん　かいて おぼえましょう

1　2
力 ちから
2かく

できかた

ちからを　こめた　うでの　かたちから　できた。

なぞりましょう

力もち
力を出す
大きな力
力いっぱいおす

月　日

ぴったり2 れんしゅう

サラダで げんき

きょうかしょ 下5～19ページ
こたえ 4ページ

1 かんじを よみましょう。

① へやの 中（　）。

② 大（　）きな こえ。

③ いえに 入（　）る。

④ くろい 犬（　）。

⑤ 小（　）さな むし。

⑥ 白（　）い うさぎ。

2 □に かんじを かきましょう。

① はこから □《だ》す。

② そとに □《で》る。

③ □《ちから》が つよい。

④ はこの □《なか》。

⑤ □《おお》そうじを する。

⑥ かごに □《い》れる。

⑦ □《いぬ》が ほえる。

⑧ ありは □《ちい》さい。

⑨ □《しろ》い かみ。

⑩ □《しろ》くまを みる。

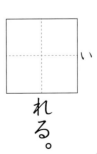

月　　日

ぴったり2 れんしゅう

サラダで げんき

1 かんじを よみましょう。

① げんきが 出る。（　　）
② てがみを 出す。（　　）
③ 力が わく。（　　）
④ みずを 入れる。（　　）
⑤ ぞうは 大きい。（　　）
⑥ 犬が はしる。（　　）

2 □に かんじを かきましょう。

① □《ちい》さな おさら。
② □《しろ》いろの くも。
③ えんぴつを □《だ》す。
④ そとに □《で》かける。
⑤ □《ちから》を あわせる。
⑥ □《なか》に 入る。
⑦ □《おお》あわてに なる。
⑧ へやの □《い》りぐち。
⑨ □《いぬ》と ねこ。
⑩ □《ちい》さく たたむ。

きょうかしょ 下5〜19ページ
こたえ 4ページ

ぴったり1 じゅんび

なにに 見えるかな

きょうかしょ 下30〜35ページ

あたらしく がくしゅうする かんじ

きょうかしょ 下 30ページ

見

うえに はねる　はらう

よみかた
ケン
みえる
みる
みせる

つかいかた
工場見学《こうじょうけんがく》
山《やま》が 見《み》える
とけいを 見《み》る

できかた

目《め》に あしが ある かたちで、みる ことを あらわした。

かきじゅん　1〜7
見《みる》 7かく

かいて おぼえましょう
見　見

なぞりましょう
ほしを見あげる
しゃしんを見た

月　日

かんじの たしざんを やって みよう

儿＋目＝□

これから ならう かんじだよ。

こたえは 13ページ

きょうかしょ 上 30ページ

先

ながく　はらう　はねる

よみかた
セン
さき

つかいかた
学校《がっこう》の 先生《せんせい》
手先《てさき》が きよう
目《め》と はなの 先《さき》

はんたいの じ
先《さき》　後《あと》
(二年生《ねんせい》で ならうよ)

かきじゅん　1〜6
先 ひとあし《にんにょう》 6かく

かいて おぼえましょう
先　先

なぞりましょう
先げつのこと
先生とはなす

月　　日

▼なぞりましょう　▼かきじゅん　▼かいて おぼえましょう

きょうかしょ 下 30ページ

生

つける
ながく

よみかた

セイ・ショウ
うまれる・うむ
いきる・いかす
いける・はえる
はやす・なま
◆おう◆き

つかいかた

生《せい》かつ・一生《いっしょう》
生《う》まれたばかり
あかるく 生《い》きる

かきじゅん

1 生
2 生
3 生
4 生
5 生

生 うまれる
5かく

できかた

草木《くさき》の めが はえて のびる ようすから できた。

なぞりましょう

一ねん生になる
たのしい生かつ
がっこうの先生
三ねん生のあね

▼なぞりましょう　▼かきじゅん　▼かいて おぼえましょう

きょうかしょ 下 35ページ

気

はらう
とめる
はねる

よみかた

キ
ケ

つかいかた

気《き》を つける
天《てん》気《き》が よい
さむ気《け》が する

かきじゅん

1 気
2 気
3 気
4 気
5 気
6 気

気 きがまえ
6かく

じの いみ

①くうき。
②きもち。

すんだ 空気《くうき》で いい 気もち。

なぞりましょう

気をつける
気がつよい
気になること
かなしい気もち

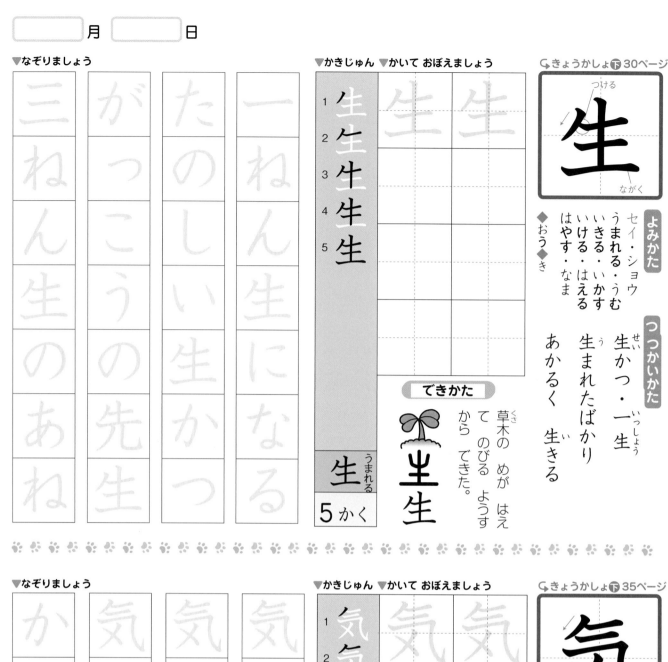

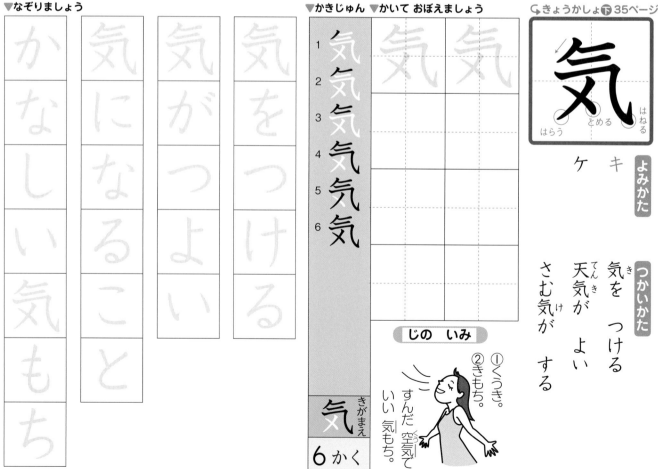

□月□日

ぴったり1 じゅんび

よう日《び》と 日づけ

あたらしく がくしゅうする かんじ

きょうかしょ 下36〜37ページ

きょうかしょ下36ページ

日

あきが おなじ

よみかた
ニチ ジツ ひ か

つかいかた
日《にち》よう日《び》
日《ひ》が のぼる
三日《みっか》ぼうず

▼かきじゅん ▼かいて おぼえましょう

1 日 2 日 3 日 4 日

日 ひ 4かく

できかた

日

おひさまの かたちから できた。

▼なぞりましょう

日よう日

一月十五日

きょうかしょ下36ページ

火

とめる はらう

よみかた
カ ひ ◆ほ

つかいかた
火《か》よう日《び》
火《ひ》の ようじん
火《ひ》を つける

▼かきじゅん ▼かいて おぼえましょう

1 火 2 火 3 火 4 火

火 ひ 4かく

できかた

火

ひが もえて いる ようすから できた。

▼なぞりましょう

火じをけす

はな火があがる

かんじの たしざんを やって みよう

十 + 一 = □

どちらが 上に なるのかな。

こたえは 13ページ

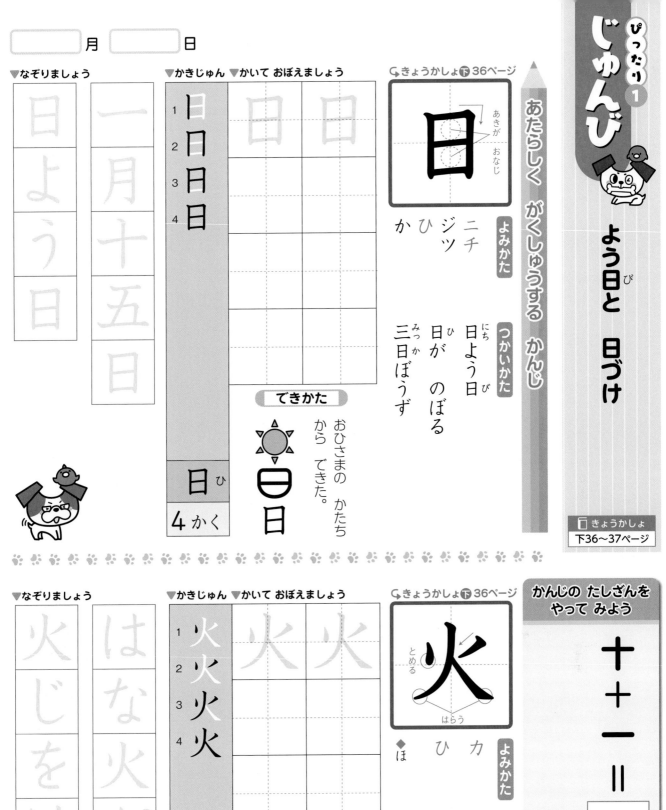

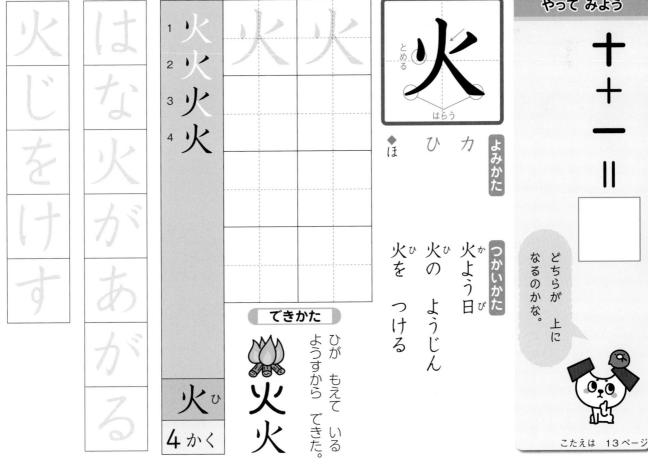

月　日

きょうかしょ下36ページ

水

はなす　はらう　はらう　はねる

よみかた
スイ
みず

つかいかた
水《すい》よう日
水《みず》が　ながれる
水《みず》あそび

かきじゅん
1 2 3 4 水

水《みず》
4かく

かいて おぼえましょう

できかた

みずの　ながれる　ようすから　できた。

なぞりましょう
水よう日
すんだ水をくむ
うち水をする
水さいばい

きょうかしょ下36ページ

金

つける　つき出ない　はらう　はらう

よみかた
キン
コン
かね
かな

つかいかた
金《きん》よう日《び》
お金《かね》を　ためる
金《かな》あみを　はる

かきじゅん
1 2 3 4 5 6 7 8 金

金《かね》
8かく

かいて おぼえましょう

できかた

山の　土の　中で　きんの　つぶが　ひかる　ようす　から　できた。

なぞりましょう
金のこな
お金もち
金よう日
金メダルをとる

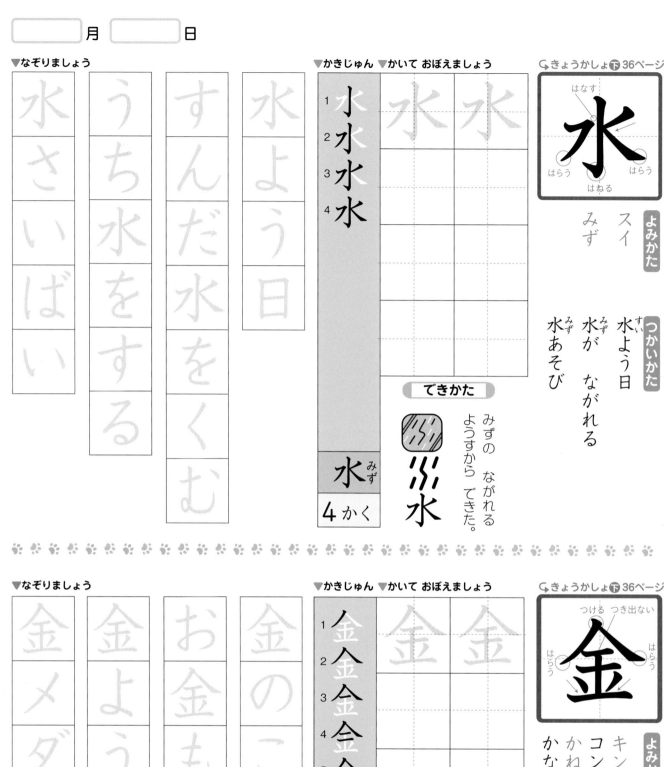

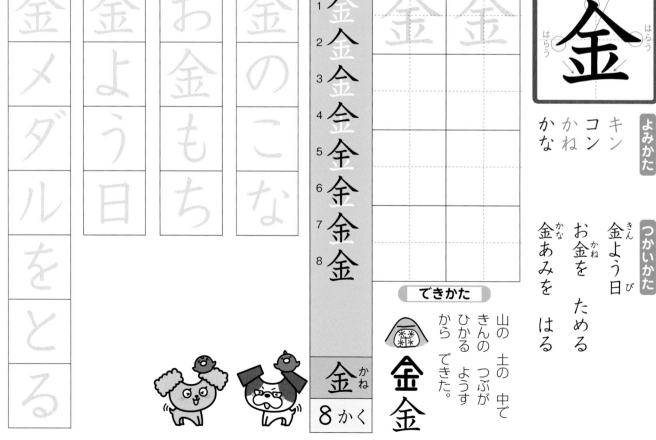

月　日

▼なぞりましょう

ねん土

土よう日

にわの土をほる

土にまみれたて

▼かきじゅん

1 2 3

土《つち》

3かく

▼かいて おぼえましょう

土 土

きょうかしょ下 36ページ

土

ながく

よみかた

ド

ト

つち

つかいかた

土《ど》よう日《び》

土地《とち》を たがやす

土《つち》を ほりかえす

できかた

土

くさの めが つちから 出る ようすから できた。

よみかたが あたらしい かんじ

かんじ	よみかた	つかいかた	まえに 出た よみかた
月	ゲツ	月《げつ》よう日《び》	まるい 月《つき》
木	モク	木《もく》よう日《び》	大《おお》きな 木《き》
三	み（みっ）	三《さん》月《がつ》三《みっ》日《か》	三《さん》びき 三《みっ》つ
日	か	三《みっ》日《か》ぼうず	日《ひ》 まい日《にち》
五	いつ	五《ご》月《がつ》五《いつ》日《か》	五《ご》ほん 五《いつ》つ
六	むい	六《ろく》月《がつ》六《むい》日《か》	六《ろく》まい・六《ろっ》ぴき・六《むっ》つ
七	なの	七《なな（しち）》月《がつ》七《なの》日《か》	七《しち》にん・七《なな》ひき・七《なな》つ
八	よう	八《はち》月《がつ》八《よう》日《か》	八《はち》まい・八《はっ》ぴき・八《やっ》つ
九	ここの	九《く》月《がつ》九《ここの》日《か》	九《きゅう》ひき・九《ここの》つ
月	ガツ	一《いち》月《がつ》、二《に》月《がつ》	月《げつ》よう日《び》 月《つき》が 出《で》る

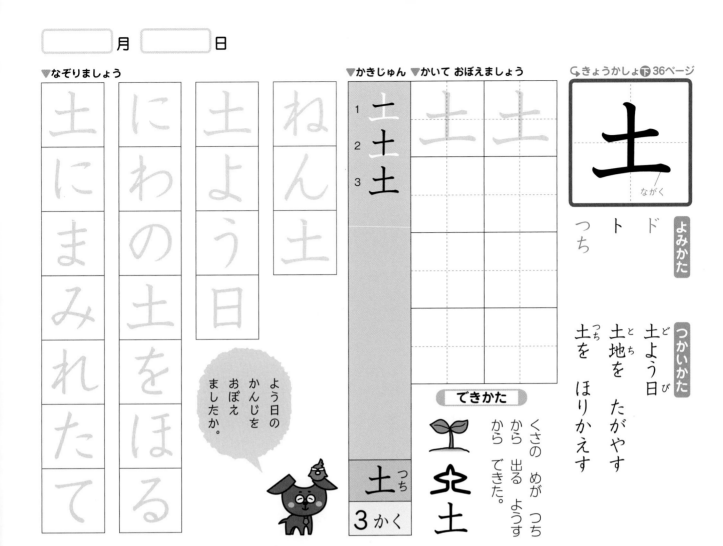

月　日

とくべつな　よみかたを　する　かんじ

かんじ	よみかた	つかいかた
一日	ついたち	いち　がつ　ついたち　一月一日
二日	ふつか	に　がつ　ふつか　二月二日
二十日	はつか	いち　がつ　はつか　一月二十日

日づけは　とくべつな
よみかたを　しますね。
カレンダーを　見ながら
おぼえて　みましょう。

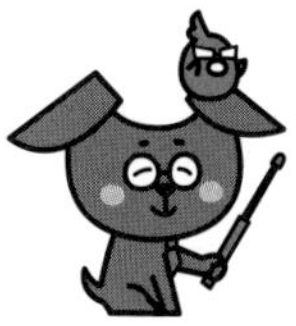

かんじクイズ 2

かんじを　かいた　かみが　はんぶん
やぶれて　しまったよ。もとの　かんじを
かこう。

ヒント　二つに　おると　かさなる
かんじだよ。

こたえ→13ページ

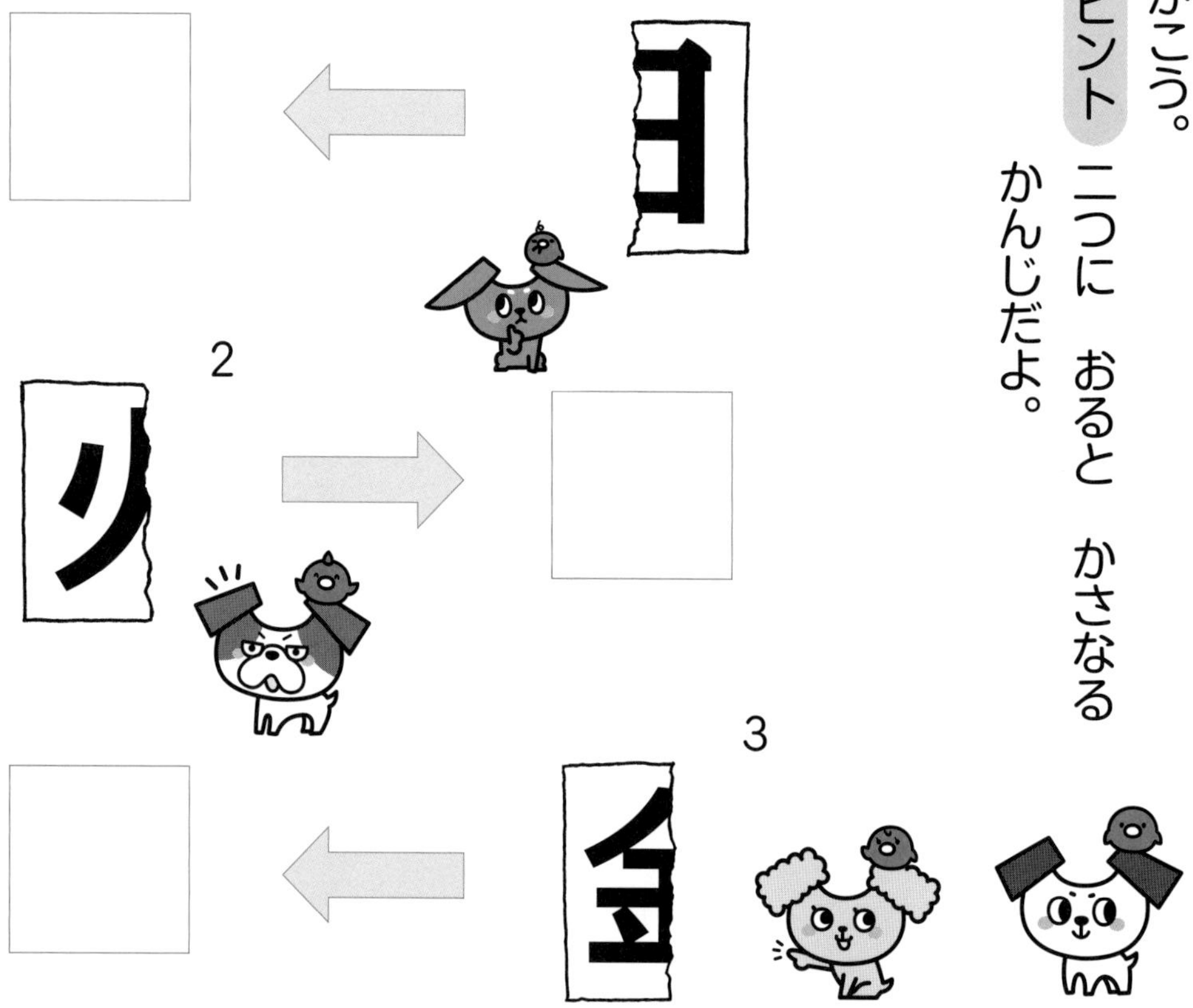

1

2

3

□月 □日

ぴったり2 れんしゅう

なにに 見えるかな よう日と 日づけ

1 かんじを よみましょう。

①（　　）四月が はじまる。

②（　　）たき 火に あたる。

③（　　）一月 七日

④（　　）たくさんの お金。

⑤（　　）五月 四日

⑥（　　）水よう日

2 □に かんじを かきましょう。

① わたしの □《き》もち。

② □《ど》よう日

③ □□《せんせい》と はなす。

④ 六月 □□《みっか》

⑤ □《もく》よう日

⑥ 十月 □□《ついたち》

⑦ 犬が □《み》える。

⑧ □《げつ》よう日

⑨ 九 □《がつ》が おわる。

⑩ □《つち》を あつめる。

きょうかしょ 下30～37ページ
こたえ 4ページ

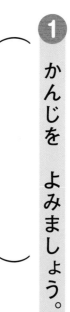

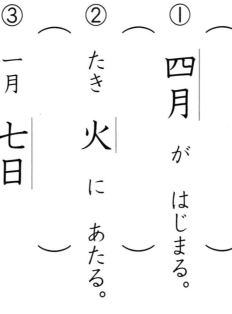

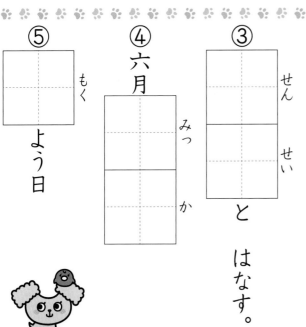

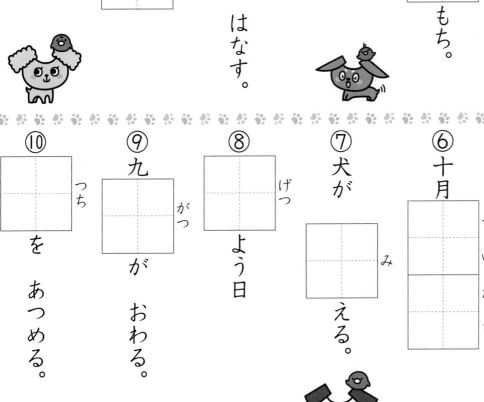

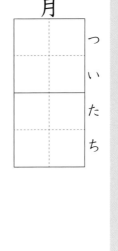

なにに 見えるかな よう日《び》と 日づけ

□月 □日

1 かんじを よみましょう。

① 先生（　）の つくえ。

② 火（　）よう日

③ 一月 八日（　）

④ 気（　）を つける。

⑤ 水（　）を のむ。

⑥ 十月 二十日（　）

2 □に かんじを かきましょう。

① □《ひ》づけを しらべる。

② □《きん》よう日

③ □《すい》とうを もつ。

④ 五月 □□《ふつか》

⑤ □《ひ》を けす。

⑥ がっこうの □□《せんせい》。

⑦ □《にち》よう日

⑧ 十一月 □□《ここのか》

⑨ 九月 □□《むいか》

⑩ てがみを □《み》せる。

きょうかしょ 下30〜37ページ

こたえ 4ページ

月　　日

ぴったり1 じゅんび

はっけんしたよ ひらがなを つかおう1

きょうかしょ 下38〜42ページ

あたらしく がくしゅうする かんじ

きょうかしょ下38ページ

花（はらう・とめる・はねる）

よみかた
カ
はな

つかいかた
花《か》びん
ももの 花《はな》
花《はな》たばを おくる

▼かきじゅん
1〜7
花 くさかんむり
7かく

▼かいて おぼえましょう
花 花

なかまの じ
艹（くさかんむり）が ある かんじを あつめよう。
花　草《くさ》

▼なぞりましょう
にわの くさ花
うめの 花が さく

きょうかしょ下38ページ

文（はらう・はらう）

よみかた
ブン
モン〈モ〉
◆ふみ

つかいかた
文《ぶん》を よむ
天文台《てんもんだい》
文《も》字《じ》（もんじ）を かく

▼かきじゅん
1〜4
文《ぶん》
4かく

▼かいて おぼえましょう
文 文

一口《くち》ちしき
「文字」は、「もじ」・「もんじ」と よむ。でも、「文」を「も」と よむのは、「文字」くらいだね。

×文文文
かきじゅんに ちゅうい！

▼なぞりましょう
文の いみ
さく文を かく

かんじの たしざんを やって みよう

日＋立＝□

どちらが 上に なるのかな。

こたえは 13ページ

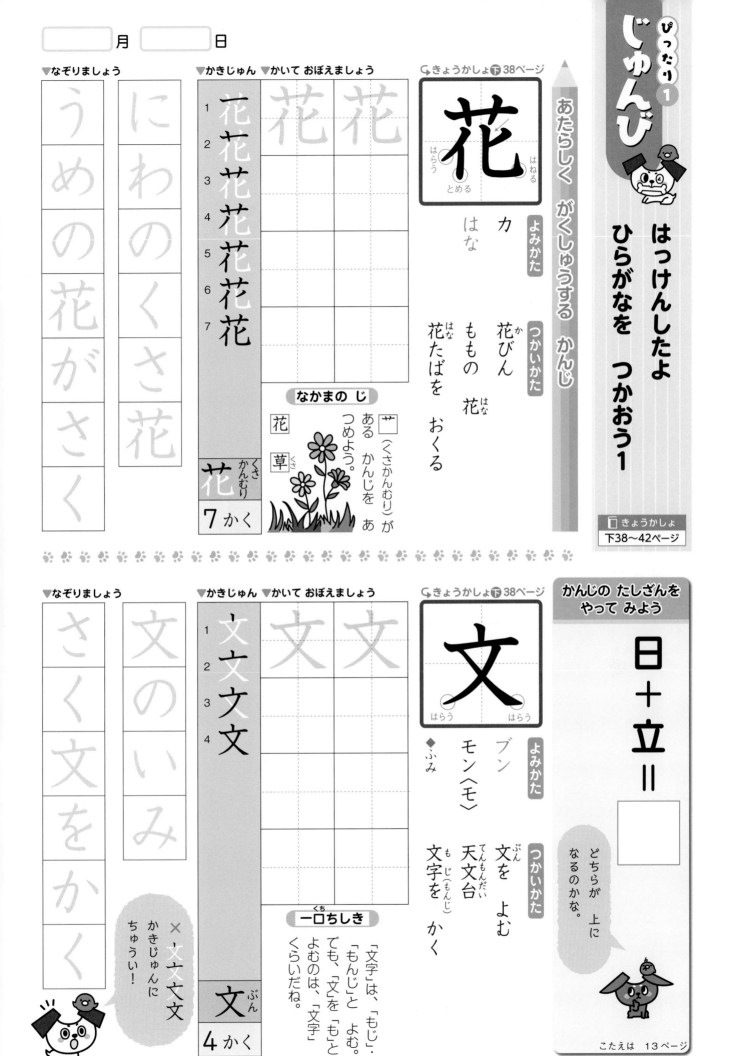

月　日

きょうかしょ下39ページ

音

ながく

よみかた

オン
おと
ね
◆イン

つかいかた

音《おん》がくを きく
音《おと》が きこえる
ふえの 音《ね》

かきじゅん

1 音
2 音
3 音
4 音
5 音
6 音
7 音
8 音
9 音

音《おと》

9かく

かいて おぼえましょう

音　音

一口《くち》ちしき

「音《ね》」は、ほそくて きれいな 音の ことに いう。
ふえの 音《ね》 虫《むし》の 音《ね》

なぞりましょう

大きな音
音をたてる
あし音がする
犬のはしる音

きょうかしょ下41ページ

町

はねる

よみかた

チョウ
まち

つかいかた

町《ちょう》内《ない》の 人《ひと》たち
にぎやかな 町《まち》
町《まち》かどの ポスト

かきじゅん

1 町
2 町
3 町
4 町
5 町
6 町
7 町

町 たへん

7かく

かいて おぼえましょう

町　町

くみに なるじ

村《むら》　町

なぞりましょう

おしゃれな町
ふるさとの町
町はずれのいえ
町まで出かける

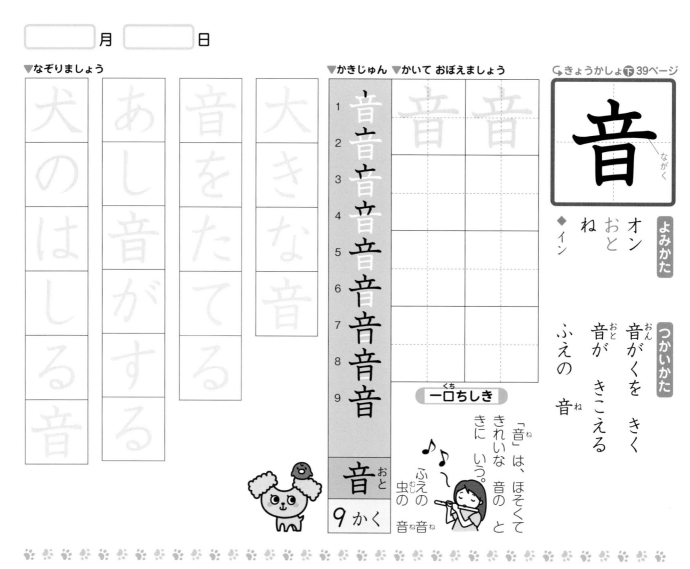

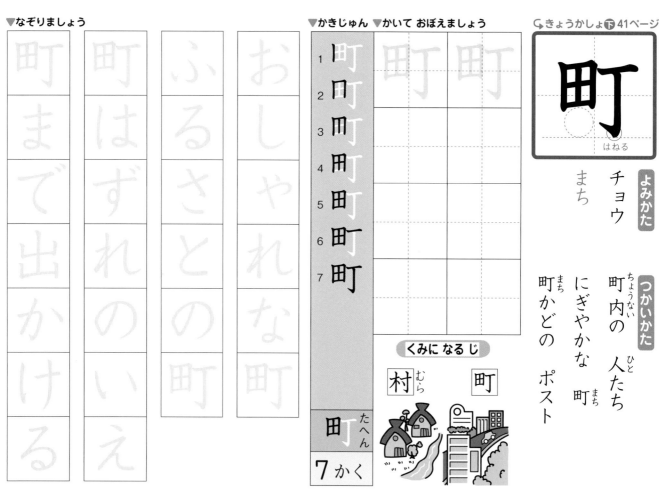

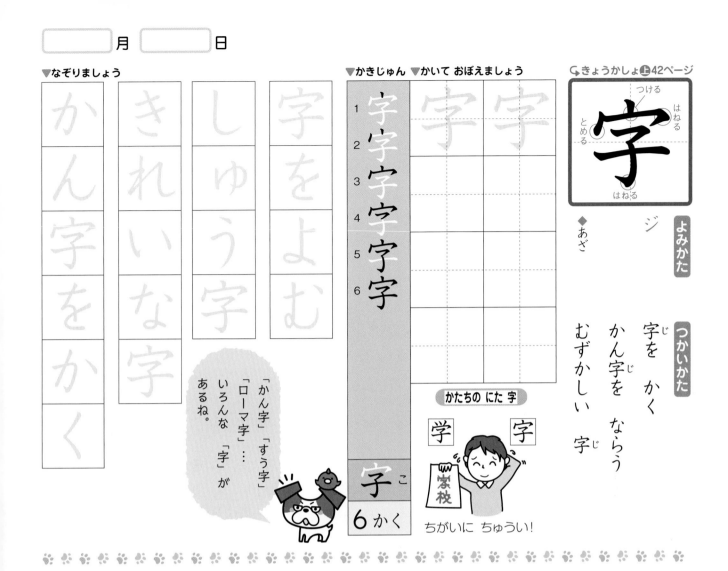

月　　日

きょうかしょ上42ページ

字

よみかた

ジ

◆あざ

つかいかた

字《じ》を　かく

かん字《じ》を　ならう

むずかしい　字《じ》

かきじゅん

1 字　2 字　3 字　4 字　5 字　6 字

字　こ

6かく

かいて　おぼえましょう

字　字

かたちの　にた　字

学　字

ちがいに　ちゅうい!

なぞりましょう

字をよむ

しゅう字

きれいな字

かん字をかく

よみかたが　あたらしい　かん字

かん字	よみかた	つかいかた	まえに 出た よみかた
生	いきる　いかす　いける	生《い》きもの	一《いち》ねん生《せい》

かん字クイズ 3

三つの　かん字を　くみあわせて　カードを　つくって　いたら、ばらばらに　なって　しまいました。もとの　かん字を　かいて　みよう。

宀	化	子
立	艹	日

こたえ↓13ページ

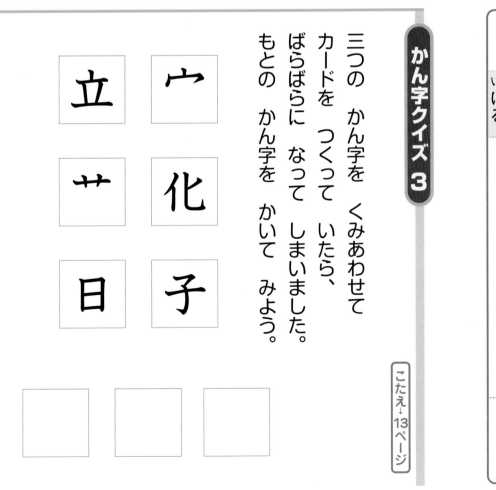

ぴったり2 れんしゅう

はっけんしたよ ひらがなを つかおう1

□月 □日

1 かん字を よみましょう。

①（　）生 きものを さがす。

②（　）音 が きこえる。

③（　）となりの 町。

④（　）きれいな 字 を かく。

⑤（　）たんぽぽの 花。

⑥（　）さく 文 を かく。

2 □に かん字を かきましょう。

① □《まち》 たんけんに いく。

② □《はな》 を うえる。

③ みじかい □《ぶん》。

④ すう □《じ》 を えらぶ。

⑤ わたしの □《まち》。

⑥ たのしく □《い》 きる。

⑦ かん □《じ》 の れんしゅう。

⑧ きれいな □《おと》。

⑨ □《ぶん》 しょうを かく。

⑩ □《はな》 びらが ちる。

きょうかしょ 下38〜42ページ
こたえ 5ページ

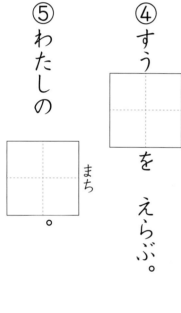

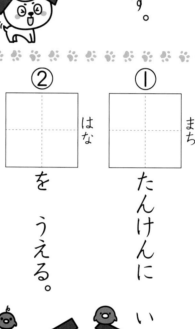

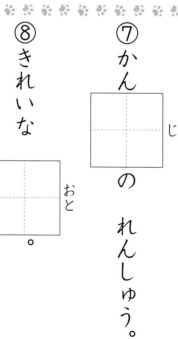

月　　日

ぴったり1 じゅんび

いろいろな ふね「のりものカード」を つくろう

きょうかしょ 下43～55ページ

あたらしく がくしゅうする かん字

きょうかしょ下44ページ

人

はらう　はらう

よみかた
ジン
ニン
ひと

つかいかた
にっぽん人《じん》
三人《さんにん》の 女《おんな》の子《こ》
人《ひと》と はなす

できかた

たって いる ひと の かたちから できた。

▼かきじゅん ▼かいて おぼえましょう

1 人
2 人

人《ひと》
2 かく

▼なぞりましょう

げん気な人

たくさんの人

かん字の たしざんを やって みよう

一
＋
木
＝
□

一は 小さく はいるよ。

こたえは 13ページ

きょうかしょ下44ページ

休

はらう　はらう　とめる

よみかた
キュウ
やすむ(やすみ)
やすまる
やすめる

つかいかた
休《きゅう》ようを とる
ふゆ休《やす》み
からだを 休《やす》める

できかた

人が 木の そばで やすむ ようすから できた。

▼かきじゅん ▼かいて おぼえましょう

1 休
2 休
3 休
4 休
5 休
6 休

休《にんべん》
6 かく

▼なぞりましょう

休むひまもない

ゆっくりと休む

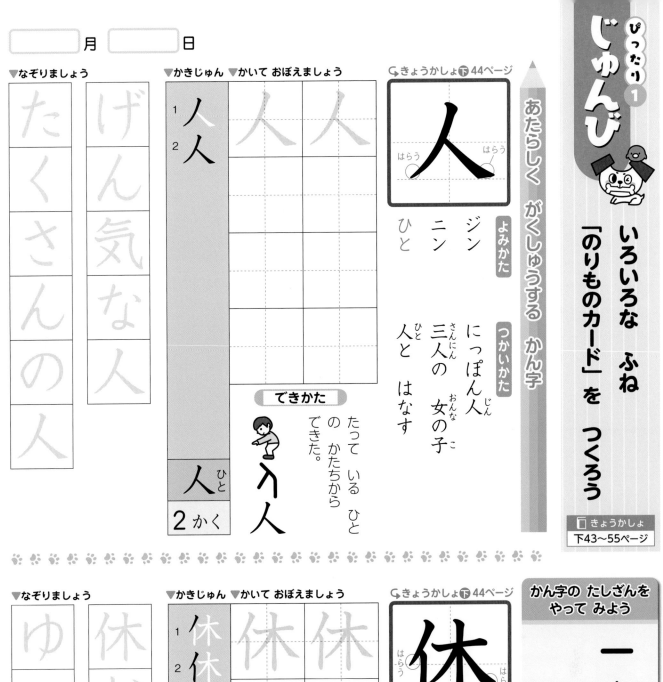

月　日

車

きょうかしょ下 46ページ

車
（ながく／まんなかを とおす）

よみかた
シャ
くるま(ぐるま)

つかいかた
じどう車《しゃ》
車《くるま》が はしる
車《くるま》の うんてん

できかた

くるまの ついた のりものの かたちから できた。

かきじゅん **かいて おぼえましょう**
車《くるま》 7かく

なぞりましょう
クレーン車
きゅうきゅう車
車にのる
車で出かける

本

きょうかしょ下 52ページ

本
（はらう／はらう／とめる）

よみかた
ホン
もと

つかいかた
本《ほん》を よむ
本人《ほんにん》に たずねる
本《もと》を ただす

できかた

木の ねもとに しるしを つけた かたちから できた。

かきじゅん **かいて おぼえましょう**
木《き》 5かく

「木」だと「き」ですね。一かく ちがうだけで、べつの いみに なりますね。

なぞりましょう
本をよむ
二本の木
としょかんの本
本だなにしまう

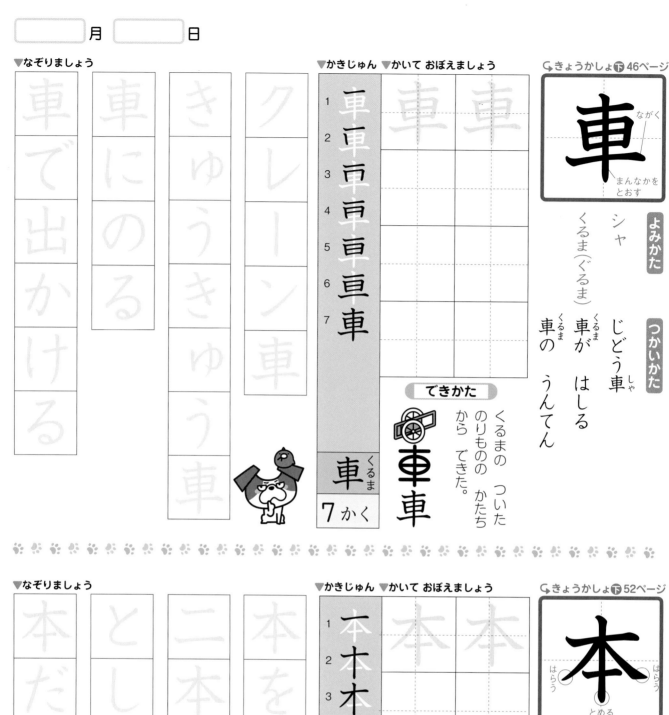

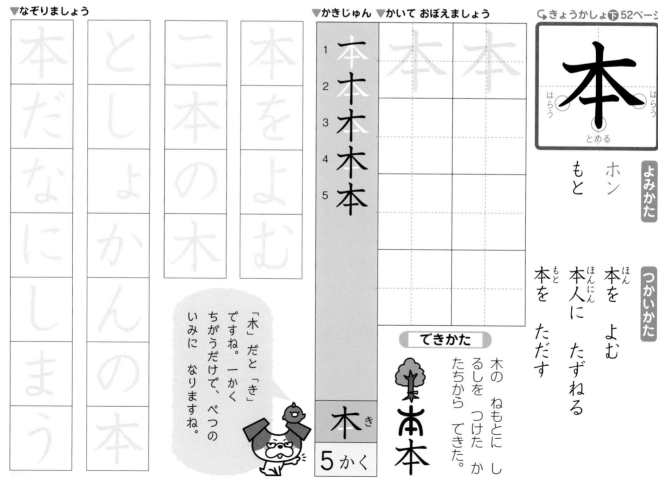

月　　日

ぴったり1 じゅんび

すきな きょうかを はなそう

きょうかしょ 下58～61ページ

あたらしく がくしゅうする かん字

きょうかしょ 下 58ページ

学

むきに ちゅうい / はねる / とめる / はねる

よみかた

ガク（ガッ）
まなぶ

つかいかた

小学生《しょうがくせい》
かん字を 学《まな》ぶ
ねっしんに 学《まな》ぶ

▼かきじゅん ▼かいて おぼえましょう

1 学　2 学　3 学　4 学　5 学　6 学　7 学　8 学

学　こ

8かく

おぼえかた

子どもが まなぶ から、したに 子 がある。

▼なぞりましょう

にゅう学しき

こくご学しゅう

かん字の たしざんを やって みよう

木
＋
交
＝
□

これから ならう かん字だよ。

こたえは 13ページ

きょうかしょ 下 58ページ

校

とめる / はらう / とめる / はらう

よみかた

コウ

つかいかた

学校《がっこう》へ いく
校長先生《こうちょうせんせい》
校歌《こうか》を うたう

▼かきじゅん ▼かいて おぼえましょう

1 校　2 校　3 校　4 校　5 校　6 校　7 校　8 校　9 校　10 校

校　きへん

10かく

なかまの 字

木（きへん）が ある かん字を あつめよう。

校　林《はやし》　村《むら》

よみかたが あたらしい かん字

かん字	よみかた	つかいかた
音	おん	音《おん》がくしつ
まえに 出た よみかた		大《おお》きな 音《おと》

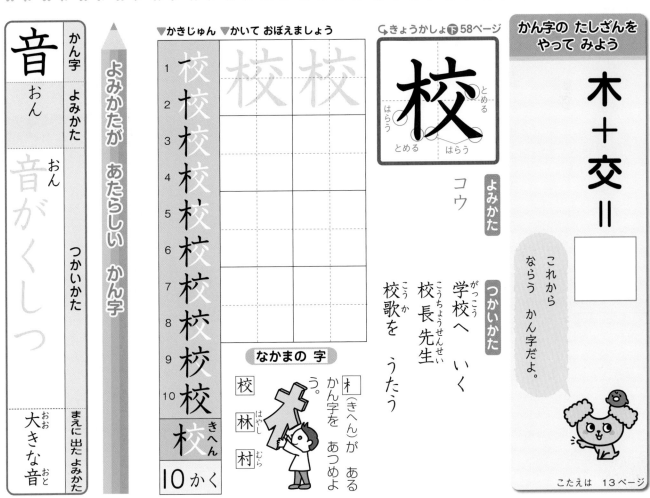

月　　日

ぴったり2 れんしゅう

いろいろな ふね／「のりものカード」を つくろう
すきな きょうかを はなそう

1 かん字を よみましょう。

① 車（　　）に のる。

② 休（　　）みの 日に あそぶ。

③ 音（　　）がくの じかん。

④ おもしろい 本（　　）。

⑤ となりの 人（　　）を よぶ。

⑥ 校（　　）もんを しめる。

2 □に かん字を かきましょう。

① □《ほん》ものの ふね。

② □《ひと》が あつまる。

③ □《おん》どくの しゅくだい。

④ じてん□《しゃ》で いく。

⑤ □《がく》しゅうを すすめる。

⑥ しらない □《ひと》。

⑦ □《がっ》□《こう》に あつまる。

⑧ □《ほん》だなに 入れる。

⑨ □《くるま》いすを 見かける。

⑩ からだを □《やす》める。

きょうかしょ 下43～61ページ
こたえ 5ページ

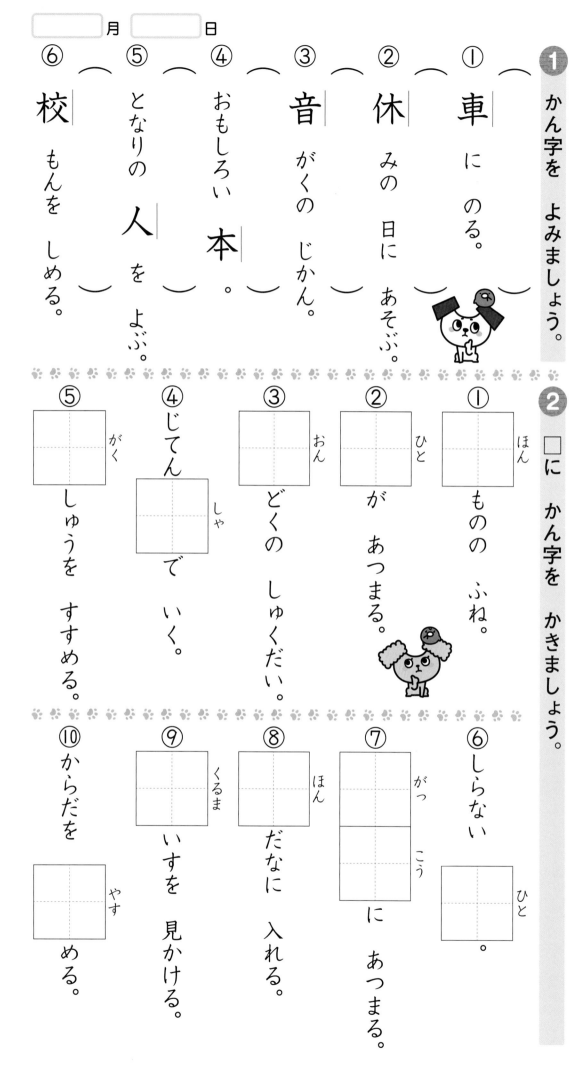

日付：　　月　　日

ぴったり1 じゅんび

おとうとねずみ チロ

きょうかしょ 下69～82ページ

あたらしく がくしゅうする かん字

きょうかしょ下70ページ

手

（ながく／すこし まげる／はねる）

よみかた

シュ

て

◆た

つかいかた

かたい あく手《しゅ》

手《て》を つなぐ

手《て》を のばす

かきじゅん

1 2 3 4 手

手《て》 4かく

かいて おぼえましょう

手　手

できかた

〆 手

ひらいた ての かたちから できた。

なぞりましょう

手を たたく

りょう手で もつ

かん字の たしざんを やって みよう

夕＋口＝□

すこし ななめに くっつくよ。

こたえは 13ページ

きょうかしょ下71ページ

赤

（ながく／はらう／はらう／はねる／とめる）

よみかた

セキ

あか・あかい

あからむ

あからめる

◆シャク

つかいかた

赤十字《せきじゅうじ》

赤《あか》ちゃんが わらう

かおが 赤《あか》らむ

かきじゅん

1 2 3 4 5 6 7 赤

赤《あか》 7かく

かいて おぼえましょう

赤　赤

できかた

赤

「大」と「火」を くみあわせて、もえあがった 火の あかい いろを あらわした。

なぞりましょう

赤ずきん

かおが 赤い

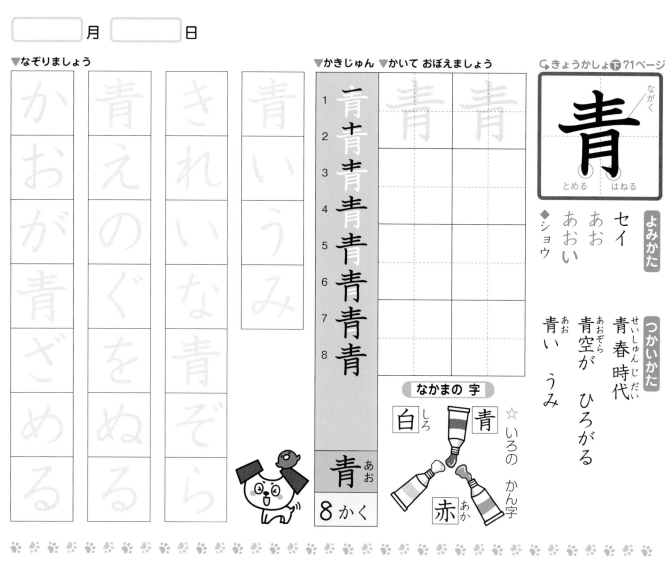

月　日

きょうかしょ下71ページ

青

ながく　とめる　はねる

よみかた
セイ
あお
あおい
◆ショウ

つかいかた
青春時代《せいしゅんじだい》
青空《あおぞら》が　ひろがる
青《あお》い　うみ

かきじゅん　**かいて　おぼえましょう**

1 2 3 4 5 6 7 8

青《あお》

8かく

なかまの 字

☆いろの　かん字

白《しろ》　青　赤《あか》

なぞりましょう

青いうみ

きれいな青ぞら

青えのぐをぬる

かおが青ざめる

きょうかしょ下72ページ

名

みじかく　はらう

よみかた
メイ
ミョウ
な

つかいかた
しょうぎの　名人《めいじん》
名字《みょうじ》と　名《な》まえ
名《な》ふだを　つける

かきじゅん　**かいて　おぼえましょう**

1 2 3 4 5 6

名　口《くち》

6かく

おぼえかた

☆夕《ゆう》＋口《くち》＝名

「夕がたには　口で　名のれ」と　おぼえよう。

なぞりましょう

名まえをかく

よび名をつける

あなたの名まえ

名まえのかん字

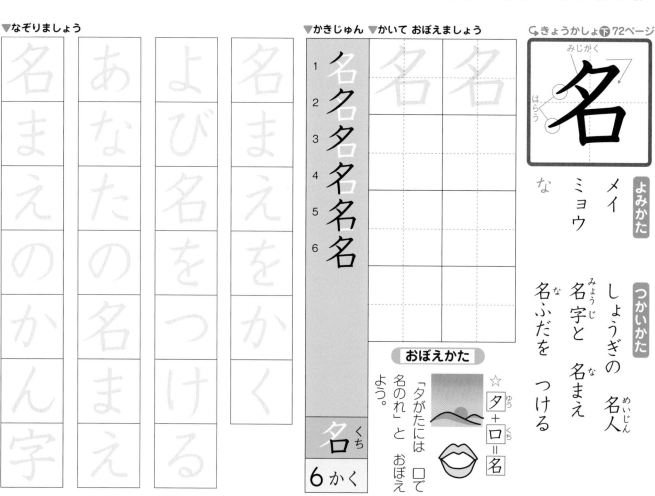

月　日

立

きょうかしょ下74ページ

立（ながく）

よみかた
リツ
たつ
たてる
◆リュウ

つかいかた
どく立《りつ》する
立《た》ち上《あ》がる
ぼうを 立《た》てる

かきじゅん
1 2 3 4 5
立《たつ》 5かく

かいて おぼえましょう

できかた

人が たって いる かたちから できた。

なぞりましょう
立っている人
まっすぐに立つ
立ち上がる
はしらが立つ

口

きょうかしょ下76ページ

よみかた
コウ
ク
くち

つかいかた
にっぽんの 人口《じんこう》
きびしい 口調《くちょう》
口《くち》ぶえを ふく

かきじゅん
1 2 3
口《くち》 3かく

かいて おぼえましょう

できかた

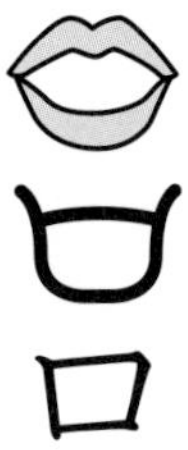

くちの かたちから できた。

なぞりましょう
口ぶえ
大きな口
口をうごかす
口にくわえる

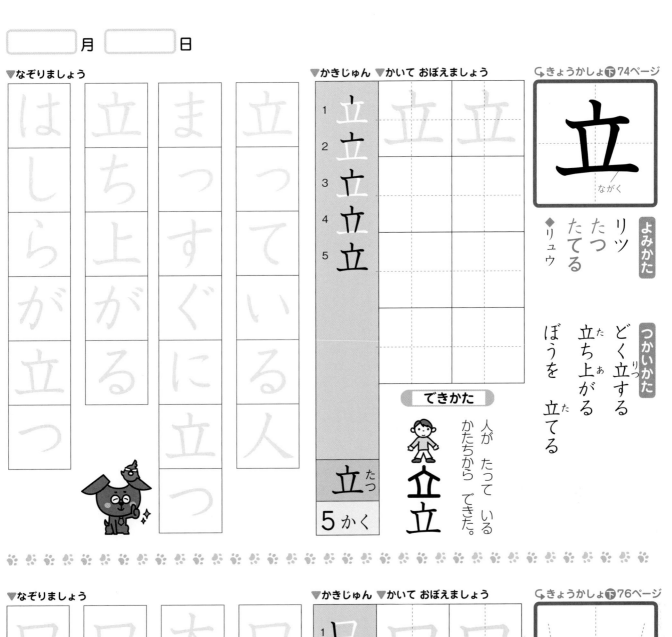

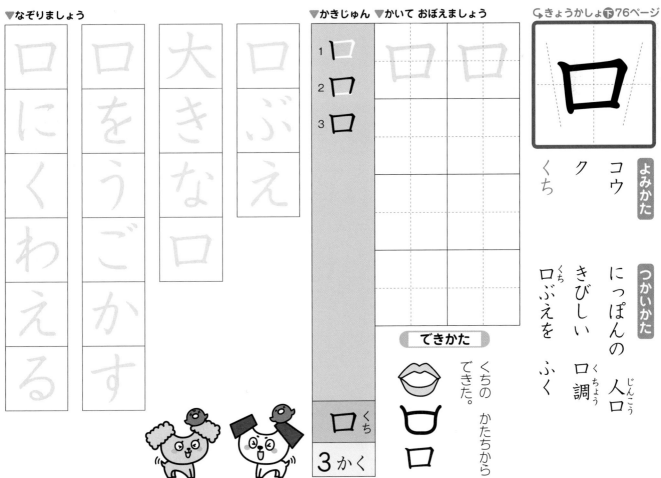

月　日

きょうかしょ下76ページ

耳

出す　ながく　おろす

よみかた

みみ

◆ジ

つかいかた

耳《みみ》を　すます

耳《みみ》もとで　ささやく

耳《みみ》かき

▼かきじゅん

1 耳 2 耳 3 耳 4 耳 5 耳 6 耳

耳《みみ》

6かく

▼かいて　おぼえましょう

耳　耳

できかた

みみの　かたちから　できた。

▼なぞりましょう

耳がいい

パンの耳

耳をすませる

耳たぶをつまむ

目・口・耳
かおの　ぶぶんを
あらわす　かん字だね。

よみかたが　あたらしい　かん字

かん字	よみかた	つかいかた	まえに出た よみかた
上	あげる あがる	上《あ》がる	いすの　上《うえ》
小	こ	小《こ》いし	小《ちい》さい
人	じん	人《じん》ぶつ	おおくの　人《ひと》

「下(さ)げる・下(さ)がる」も
いっしょに　おぼえて　おこう。

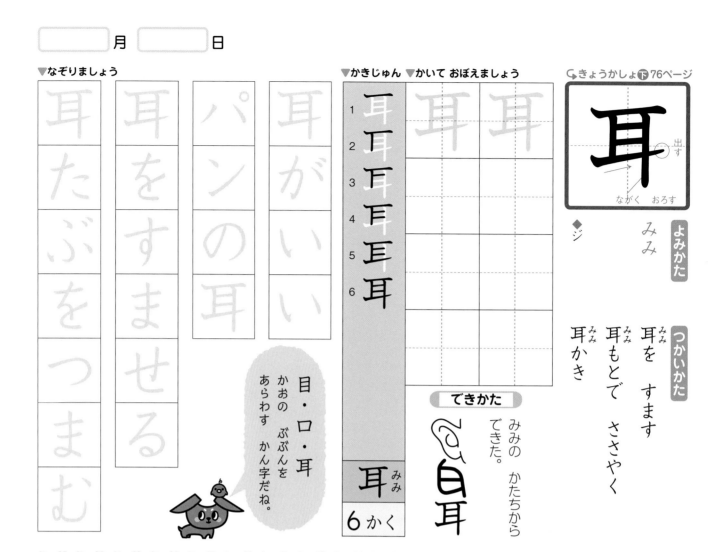

ぴったり2 れんしゅう

おとうとねずみ チロ

きょうかしょ 下69～82ページ
こたえ 5ページ

月　日

1 かん字を よみましょう。

①（　）手を たたく。
②（　）赤とんぼが とぶ。
③（　）立ち上がる
④（　）青い えのぐ。
⑤（　）あて名を かく。
⑥（　）ほおを 赤らめる。

2 □に かん字を かきましょう。

① □《て》くびを まわす。
② □《あか》い もみじ。
③ お□《て》つだいを する。
④ かわいい □《あか》ちゃん。
⑤ □《あお》しんごうに なる。

⑥ □《あお》ぞらが ひろがる。
⑦ あだ□《な》で よぶ。
⑧ ぶたいに □《た》つ。
⑨ 犬を □《な》づける。
⑩ ぼうを □《た》てる。

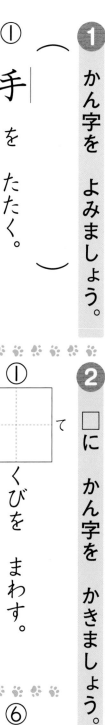

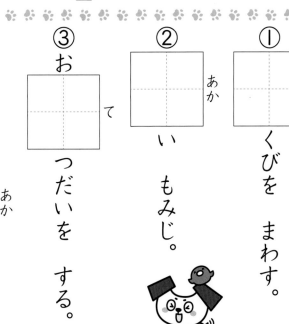

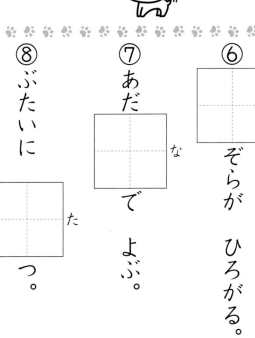

おとうとねずみ チロ

きょうかしょ 下69〜82ページ
こたえ 5ページ

月　日

1 かん字を よみましょう。

① いすを もち 上（　）げる。

② 口（　）が あく。

③ かいだんを 上（　）がる。

④ ロバの 耳（　）。

⑤ 小（　）とりが なく。

⑥ がいこく 人（　）

2 □に かん字を かきましょう。

① うち□《あ》げ花火

② 二かいに □《あ》がる。

③ □《くち》ぶえを ふく。

④ ひと□《くち》かじる。

⑤ ふと□《みみ》に する。

⑥ □《みみ》かきを する。

⑦ □《こ》じまを 見つける。

⑧ アメリカ□《じん》に あう。

⑨ □《こ》びとの はなし。

⑩ とうじょう□《じん》ぶつ

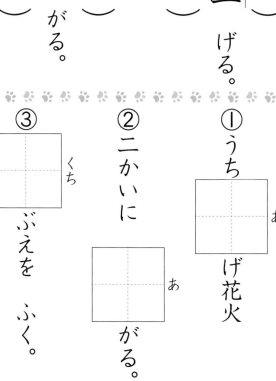

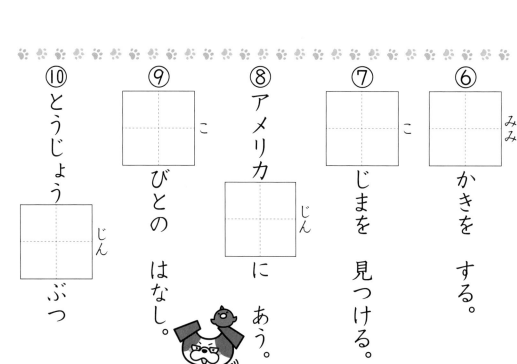

月　　日

かん字を つかおう1
すきな おはなしは なにかな

きょうかしょ 下83〜85ページ

あたらしく がくしゅうする かん字

きょうかしょ下83ページ

女

すこし だす
はらう
とめる

よみかた
ジョ
おんな
◆ニョ ◆ニョウ
◆め

つかいかた
女子《じょし》サッカー
長女《ちょうじょ》・次女《じじょ》
女《おんな》の子《こ》

▼かきじゅん ▼かいて おぼえましょう

1 2 3 女

女《おんな》
3かく

できかた
すわって いる おんなの 人の かたちから できた。

▼なぞりましょう

女の人

小さな女の子

女↕男《おとこ》
はんたいの かん字を おぼえよう。

かん字の たしざんを やって みよう

田＋力＝□

はんたいの かん字も ならうよ。

こたえは 13ページ

きょうかしょ下83ページ

子

すこし まげる
はねる

よみかた
シ
ス
こ

つかいかた
男子《だんし》と 女子《じょし》
様子《ようす》を みる
子犬《こいぬ》が あそぶ

▼かきじゅん ▼かいて おぼえましょう

1 2 3 子

子《こ》
3かく

できかた
赤ちゃんの かたちから できた。

▼なぞりましょう

おやと子ども

子どものひろば

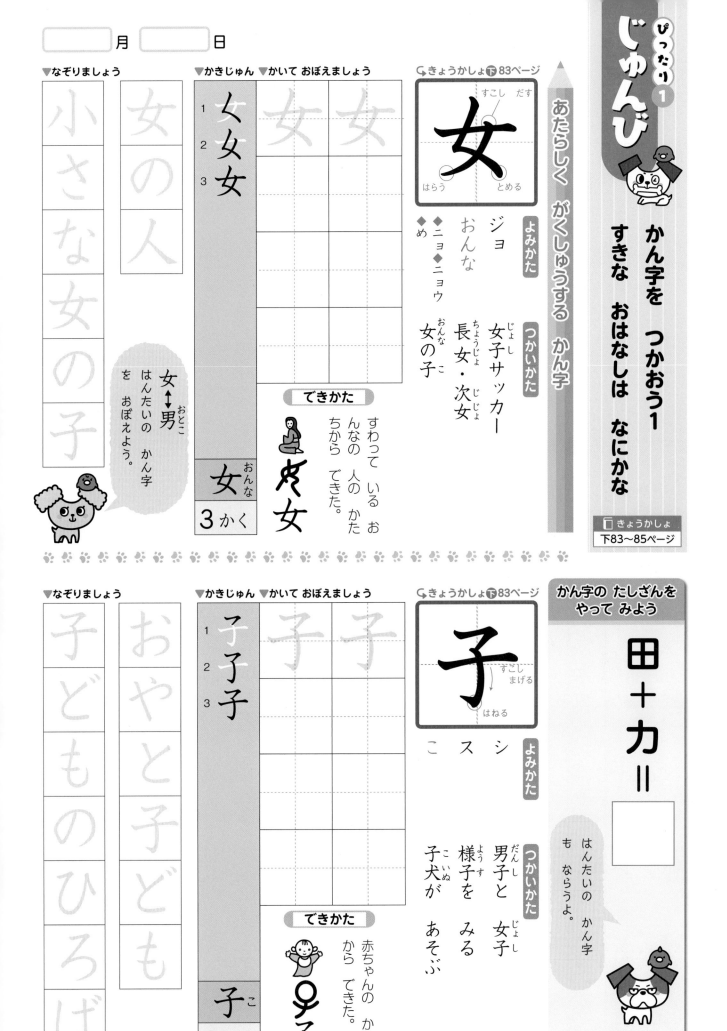

月　日

きょうかしょ下83ページ

男

だす　はらう　はねる

よみかた
ダン
ナン
おとこ

つかいかた
男子《だんし》バレー
長男《ちょうなん》・次男《じなん》
男《おとこ》ものの シャツ

かきじゅん　**かいて おぼえましょう**

1 2 3 4 5 6 7

男《た》
7かく

おぼえかた

☆ 田《た》＋力《ちから》＝男
「田《た》んぼで 力《ちから》を だす 男」と おぼえよう。

なぞりましょう

男ものの ふく
せの たかい 男
たで はたらく 男
三にんの 男の 子

きょうかしょ下84ページ

年

つける　ながく

よみかた
ネン
とし

つかいかた
年月《ねんげつ》が すぎる
年下《としした》の 子《こ》
年《とし》の はじめ

かきじゅん　**かいて おぼえましょう**

1 2 3 4 5 6

かん 干 いちじゅう
6かく

なかまの 字

月　年　日

☆ 月日の かん字

一年が すぎた
きょ年の 年まつ

よみかたが あたらしい かん字

かん字	名
よみかた	めい
つかいかた	本《ほん》の だい名《めい》
まえに 出た よみかた	名《な》まえ

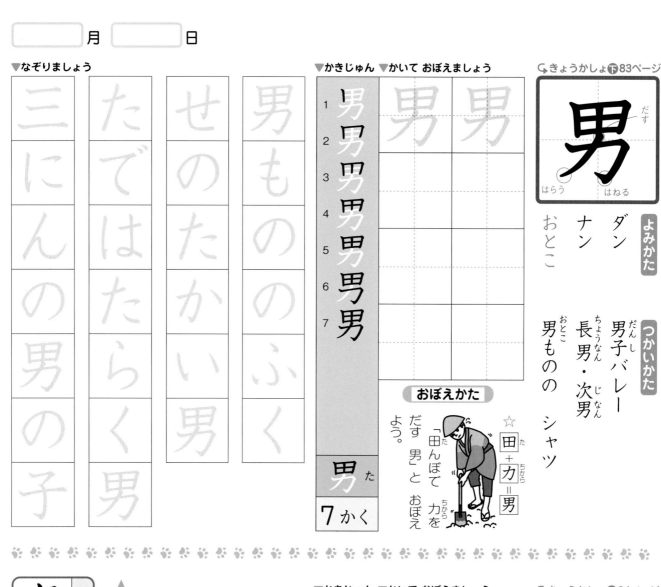

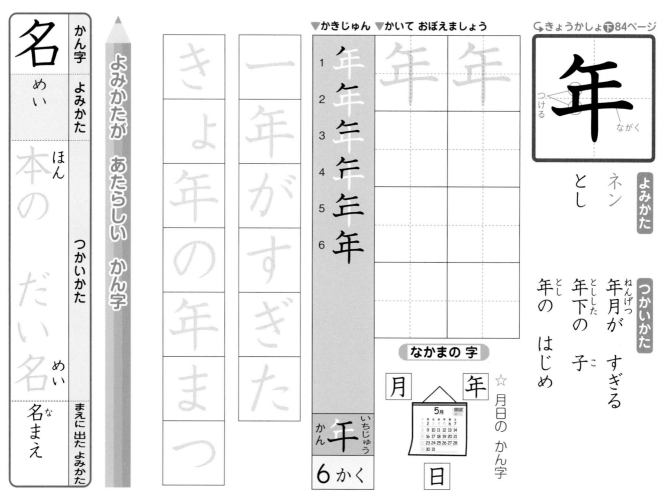

月　日

ぴったり2 **れんしゅう**

かん字を つかおう1
すきな おはなしは なにかな

1 かん字を よみましょう。

① 子（　　）どもが うまれる。

② 女（　　）の人が はなす。

③ だい名（　　）を おぼえる。

④ 一年生（　　）に なる。

⑤ げんきな 男（　　）の人。

⑥ 年（　　）れいを たずねる。

2 □に かん字を かきましょう。

① 大きな □《おとこ》に なる。

② □《おんな》の子が はしる。

③ □《めい》□《じん》の わざ。

④ らい□《ねん》の よてい。

⑤ □《こ》そだてを する。

⑥ □《さん》□《ねん》□《せい》

⑦ この町の □《めい》ぶつ。

⑧ □《おとこ》の きょうだい。

⑨ □《こ》もりうたを うたう。

⑩ □《おんな》どうして はなす。

きょうかしょ 下83〜85ページ
こたえ 6ページ

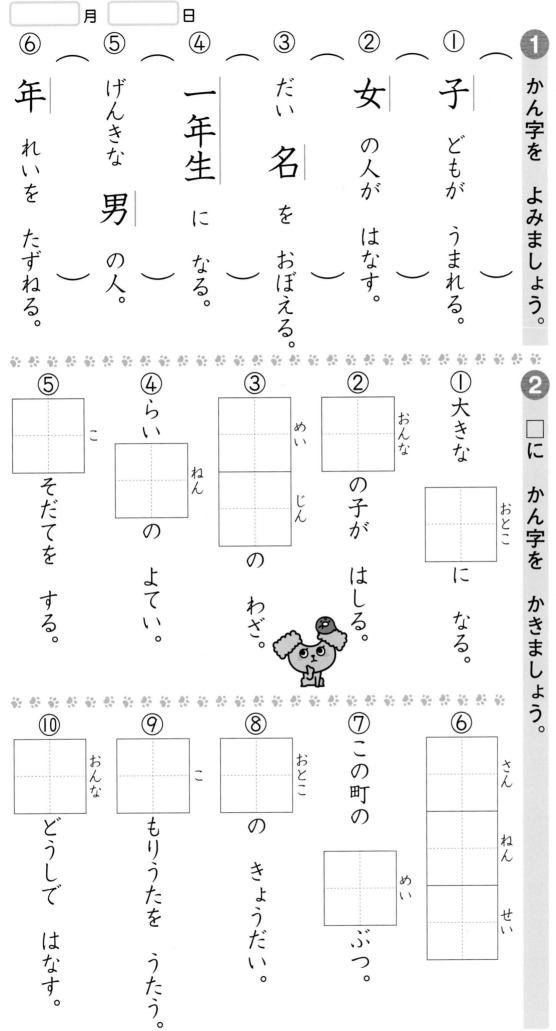

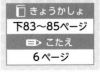

ふゆの チャレンジテスト①

じかん30ぷん　／100　ごうかく80てん

きょうかしょ　上114〜下85ページ
こたえ　6ページ

1 ――せんの かん字の よみがなを かきましょう。　一つ2てん(20てん)

① （　　）木の（　　）下に かくれる。

② （　　）川まで いき、（　　）中を ながめる。

③ （　　）学校で（　　）名ふだを つける。

④ （　　）女の子が（　　）口を ひらく。

⑤ さかを（　　）上がって いる（　　）人ぶつ。

2 つぎの かたちから できた かん字を かきましょう。　一つ4てん(20てん)

① 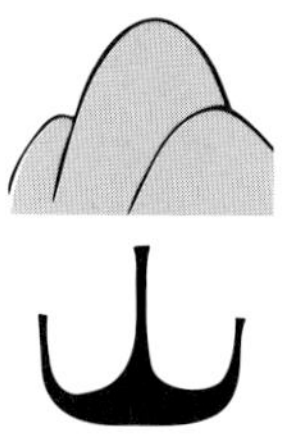 ―― □

② 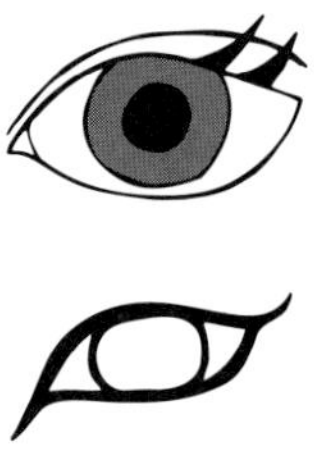 ―― □

③  ―― □

④  ―― □

⑤ 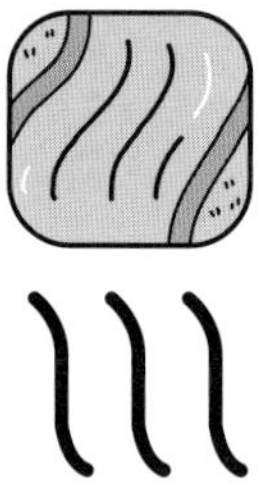 ―― □

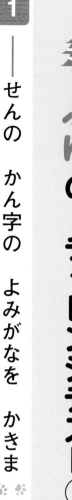

□月 □日

3 じゅんばんに よう日を あらわす かん字を かきましょう。

一つ4てん(24てん)

☆ 日よう日

① □よう日

② □よう日

③ □よう日

④ □よう日

⑤ □よう日

⑥ □よう日

4 つぎの □に かん字を かきましょう。

一つ3てん(36てん)

① □《やす》みが □《ふつ》□《か》 つづく。

② □《おとこ》の □《せん》□《せい》が いる。

③ □《まち》を じどう□《しゃ》が はしる。

④ □《あお》い □《はな》が さく。

⑤ □《さん》□《ねん》□《せい》が □《た》つ。

⑥ すう□《じ》が ある □《ぶん》しょう。

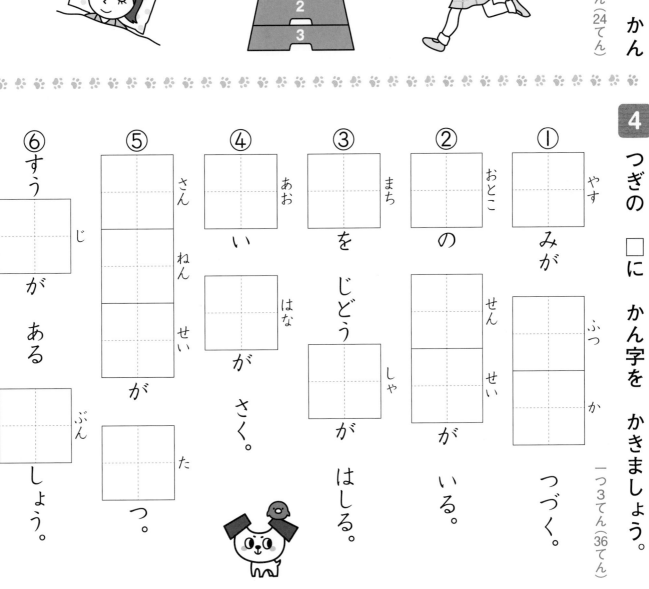

ふゆの　チャレンジテスト②

1　──せんの　かん字の　よみがなを　かきましょう。　一つ2てん（20てん）

①　白（　　）い　けの　犬（　　）が　はしって　いる。

②　力（　　）を　いっぱいに　出（　　）す。

③　赤（　　）くて　小さな　火（　　）が　ゆれる。

④　音（　　）の　たかさに　気（　　）を　つける。

⑤　二十日（　　）に　なったら　町（　　）へ　いく。

2　うえと　はんたいの　いみの　ことばを　かん字で　かきましょう。　一つ4てん（20てん）

①　下　─　□

②　小さい　─　□きい

③　男　─　□

④　出る　─　□る

⑤　おや　─　□

じかん30ぷん　／100　ごうかく80てん

きょうかしょ　上114〜下85ページ

こたえ　7ページ

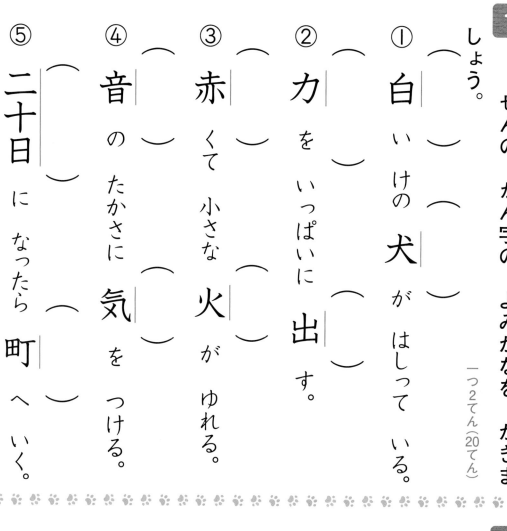

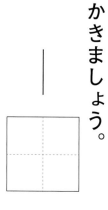

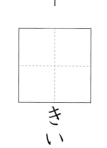

□月　□日

3 ひづけを　かん字で　かきましょう。

一つ4てん（24てん）

① □《ご》□《がつ》□《いつ》□《か》

② □《ろく》□《がつ》□《むい》□《か》

③ □《しち》□《がつ》□《なの》□《か》

④ □《はち》□《がつ》□《よう》□《か》

⑤ □《く》□《がつ》□《ここの》□《か》

⑥ □《じゅう》□《がつ》□《とお》□《か》

4 つぎの　□に　かん字を　かきましょう。

一つ3てん（36てん）

① □《つき》の　ようすを　□《み》る。

② すきな　□《ほん》の　だい□《めい》。

③ さいふの　□《なか》の　お□《かね》。

④ □《せん》しゅうの　□《にち》ようび。

⑤ □《みみ》に　□《て》を　あてる。

⑥ □《やま》に　ついて　□《がく》しゅうする。

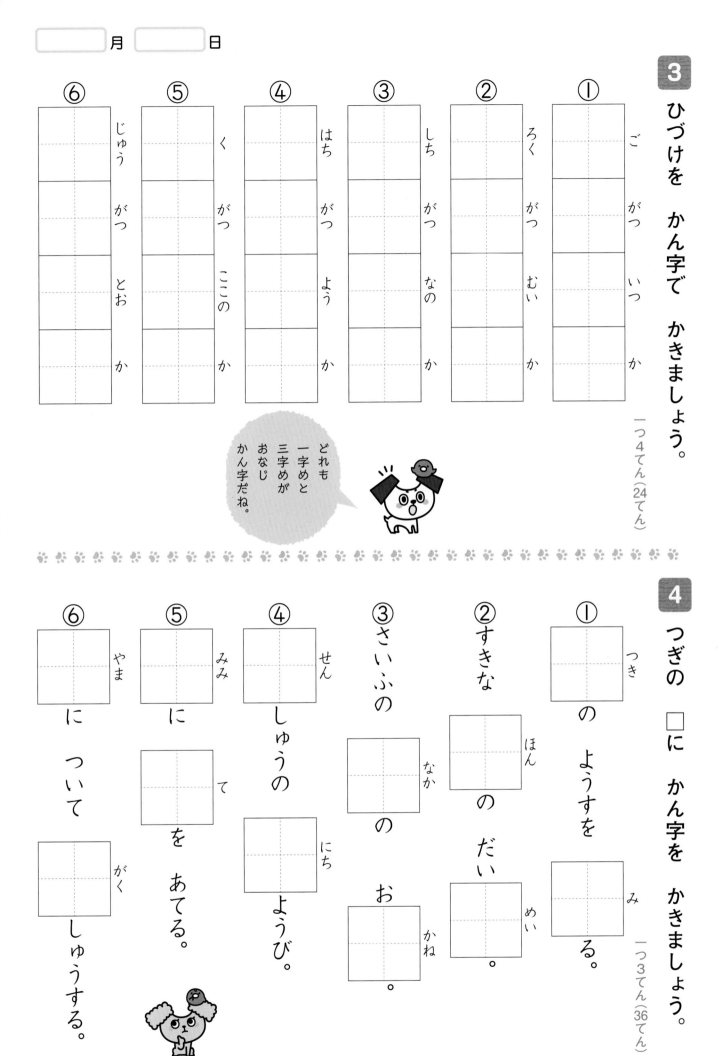

ふゆの チャレンジテスト③

1 ——せんの かん字の よみがなを かきましょう。 一つ2てん（24てん）

① 三日（　　）たって 花（　　）が さく。

② 町（　　）の 中（　　）に ゆっくりと 入（　　）る。

③ 四（　　）つの 大（　　）きな 山（　　）に のぼる。

④ 先（　　）しゅうに ならった 字（　　）。

⑤ 本（　　）を たなに 立（　　）てる。

2 えの ものの いろを、かん字を つかって かきましょう。 一つ4てん（20てん）

①  りんご —— □《あか》いろ

②  そら —— □《あお》いろ

③  くも —— □《しろ》いろ

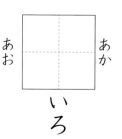

④ 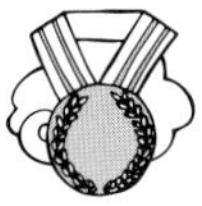 メダル —— □《きん》いろ

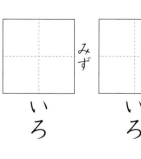

⑤  あじさい —— □《みず》いろ

じかん 30 ぷん

／100

ごうかく 80 てん

きょうかしょ 上114～下85ページ

こたえ 7ページ

3 かん字の ふたとおりの よみかたを かきましょう。 一つ2てん(20てん)

① ㋐ 一日じゅう あそぶ。（　　）
㋑ 十月一日に うまれる。（　　）

② ㋐ 火じに なる。（　　）
㋑ 火を けす。（　　）

③ ㋐ 音がくの じかん。（　　）
㋑ ふしぎな 音。（　　）

④ ㋐ にもつを 出す。（　　）
㋑ ごみが 出る。（　　）

⑤ ㋐ おおくの 人が いる。（　　）
㋑ カナダ人と はなす。（　　）

4 つぎの □に かん字を かきましょう。 一つ3てん(36てん)

① □《かわ》の ちかくで □《つち》を ほる。

② □《いぬ》が □《ちから》づよく ひもを ひく。

③ □《がっ》□《こう》を □《うえ》から □《み》る。

④ □《き》おんが たかい。

⑤ 木の □《した》で □《こ》いしを ひろう。

⑥ □《め》を □《やす》める。

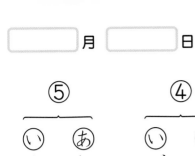

月　日

ぴったり1 じゅんび

むかしばなしを　たのしもう
おはなしを　かこう
かん字を　つかおう2
子どもを　まもる　どうぶつたち

きょうかしょ 下90～113ページ

あたらしく　がくしゅうする　かん字

きょうかしょ下97ページ

村（みじかく　とめる　とめる　はねる）

よみかた
ソン
むら

つかいかた
山村《さんそん》の　くらし
しずかな　村《むら》
村人《むらびと》たち

▼かきじゅん　▼かいて　おぼえましょう

1 村　2 村　3 村　4 村　5 村　6 村　7 村

村（きへん）　7かく

かたちの　にた　字

林《はやし》　村

ちがいに　ちゅうい！

村・町　くみに　して　おぼえよう。

▼なぞりましょう

村と町

村をながれる川

かん字の　たしざんを　やって　みよう

日＋十＝□

どちらが　上に　なるかな。

こたえは　13ページ

きょうかしょ下108ページ

早（ながく）

よみかた
ソウ
はやい
はやまる
はやめる
◆サッ

つかいかた
早朝《そうちょう》の　さんぽ
早《はや》く　おきる
よていが　早《はや》まる

▼かきじゅん　▼かいて　おぼえましょう

1 早　2 早　3 早　4 早　5 早　6 早

早（ひ）　6かく

できかた

あさはやくに　日が　のぼる　ようすから　できた。

早おきは　ねむい…。

▼なぞりましょう

早おき

じかんを早める

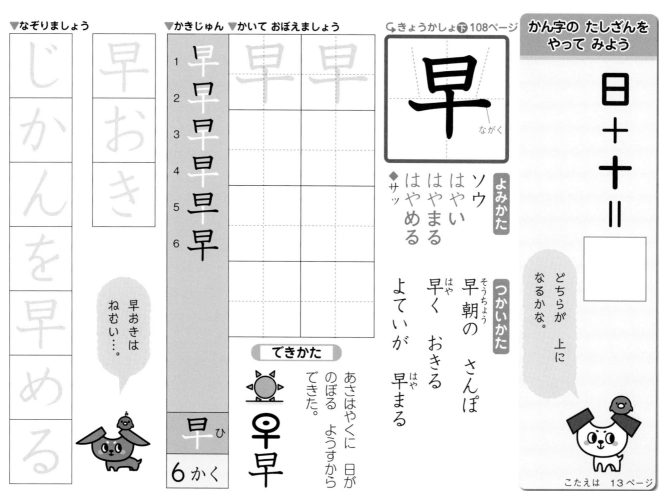

月　日

きょうかしょ下108ページ

足

つける　はらう

よみかた
ソク
あし
たりる・たる
たす

つかいかた
遠足《えんそく》に　いく
右足《みぎあし》と　左足《ひだりあし》
お金《かね》が　足《た》りない

できかた
あしの　かたちから　できた。

足《あし》　7かく

かきじゅん　1 2 3 4 5 6 7

かいて　おぼえましょう
足　足

なぞりましょう
足ぶみ
りょう足
足がしびれた
みぎ足を出す

手・足
くみに　して
おぼえよう。

かん字クイズ4

なかまの　字を　あつめて　いたら、
はなればなれに　なって　しまったよ。
なかまの　ところに　もどして　あげよう。

男　①

手　②

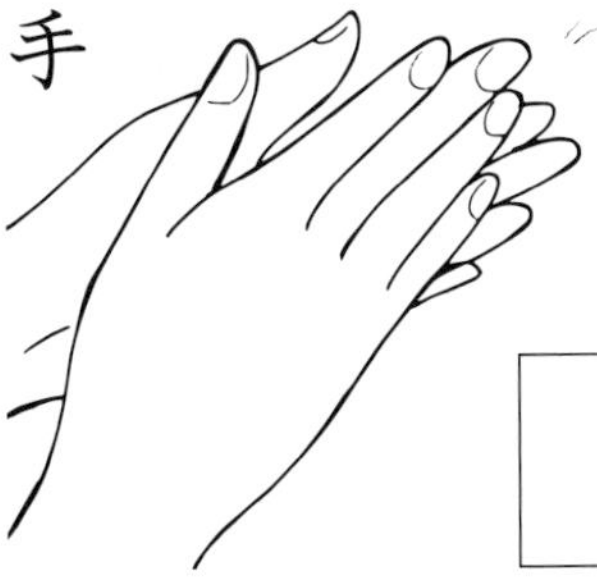

町　③

足・村・女

こたえ→13ページ

よみかたが　あたらしい　かん字

かん字	よみかた	つかいかた	まえに出た よみかた
生	うむ　うまれる	生《う》まれる	一年生《いちねんせい》　生《い》きもの
大	タイ	花火《はなび》大《たい》かい	大《おお》きい
子	シ	子《し》そん	子《こ》ども

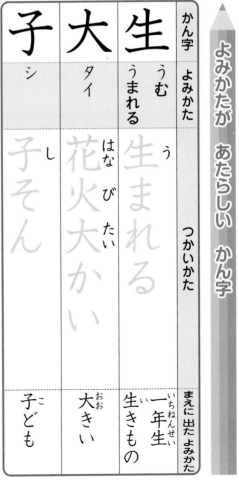

月　日

ぴったり1 じゅんび

小学校の ことを しょうかい しよう　かん字を つかおう3

きょうかしょ 下116～120ページ

あたらしく がくしゅうする かん字

きょうかしょ下120ページ

右（ながく／はらう）

よみかた：ウ　ユウ　みぎ

つかいかた：右《う》せつ　左右《さゆう》を 見《み》まわす　右《みぎ》がわ

かたちの にた 字：石《いし》　右

ちがいに ちゅうい！

かきじゅん：1 右　2 右　3 右　4 右　5 右

右《くち》　5かく

▼かいて おぼえましょう

▼なぞりましょう

右の ほう

右手を上げる

○ノ右　×一右　かきじゅんの さいしょに ちゅうい！

きょうかしょ下120ページ

左（下を ながく／はらう）

よみかた：サ　ひだり

つかいかた：左右《さゆう》の 手《て》　左《ひだり》に まがる　左《ひだり》がわ

はんたいの 字：右　左

かきじゅん：1 左　2 左　3 左　4 左　5 左

左《たくみ え》　5かく

▼かいて おぼえましょう

▼なぞりましょう

左の 耳

左の ほう

かきじゅんの さいしょに ちゅうい！「右」と くらべて みよう。

かん字の たしざんを やって みよう

ロ ＋ ナ ＝ □

ロの 中に いれてみてね。

こたえは 13ページ

月 日

きょうかしょ下120ページ

田

ださない
ださない

よみかた
デン
た

つかいかた
水田《すいでん》が ひろがる
田《た》を たがやす
田《た》うえの きせつ

かきじゅん
1 2 3 4 5
田《た》
5かく

かいて おぼえましょう
田 田

できかた
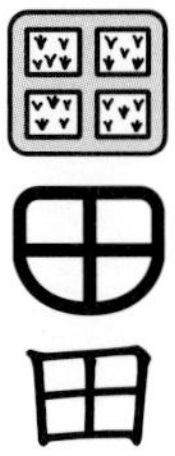
たんぼの かたちから できた。

なぞりましょう
田やはたけ
田をたがやす
ひろがる田はた
田んぼのかえる

きょうかしょ下120ページ

千

つける
まん中を とおす

よみかた
セン
ち

つかいかた
千円《せんえん》さつ
三千年《さんぜんねん》まえ
千代紙《ちよがみ》を おる

かきじゅん
1 2 3
十《じゅう》
3かく

かいて おぼえましょう
千 千

なかまの 字
千（かん字）
チ（かたかな）

ちがいに ちゅうい！

なぞりましょう
千ばづるをおる
千まいのかみ
一千年まえ
千りのみち

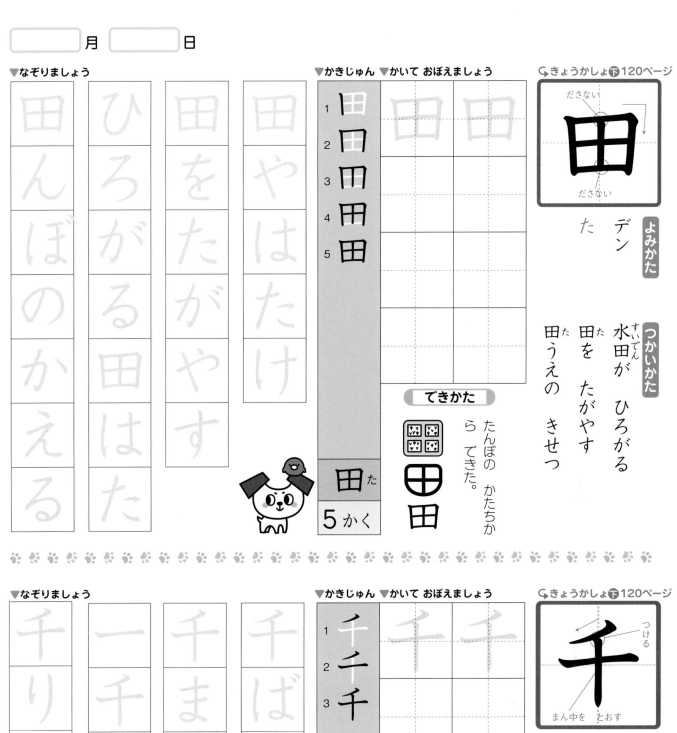

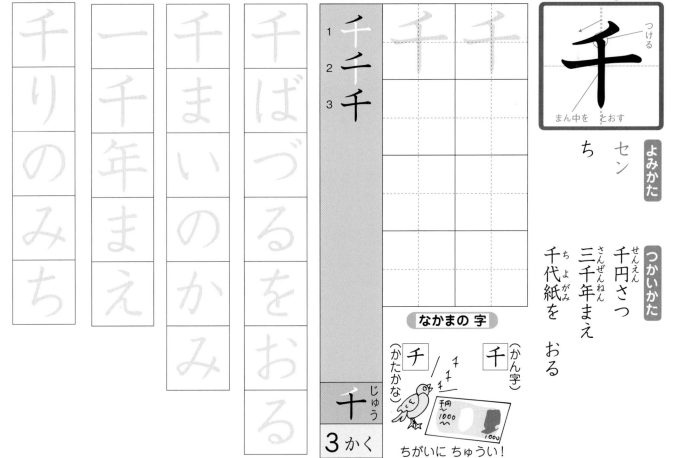

月　　日

きょうかしょ下120ページ

百

ながく

よみかた
ヒャク

つかいかた
五《ご》百《ひゃく》円《えん》
百《ひゃく》円《えん》だま
百《ひゃく》てんを とる

☆かずの かん字

なかまの 字
一　百　十　千

かきじゅん
1 2 3 4 5 6
百
白 しろ
6かく

かいて おぼえましょう

一〜十・百・千
かずの かん字を おぼえよう。

なぞりましょう
百さい
百かぞえる
百メートル
百てんまんてん

きょうかしょ下120ページ

円

つき出ない
とめる
はねる

よみかた
エン
まるい

つかいかた
円《えん》を かく
円形《えんけい》の まど
円《まる》い かたち

字の いみ
①まるい。
②お金《かね》の たんい。

円い 百円だま

かきじゅん
1 2 3 4
円
冂 どうがまえ けいがまえ
4かく

かいて おぼえましょう

「円」「ドル」「元《げん》」…。
くにに よって お金が
ちがう。

なぞりましょう
円と ドル
円を かく
円けいの ビル
五百円しはらう

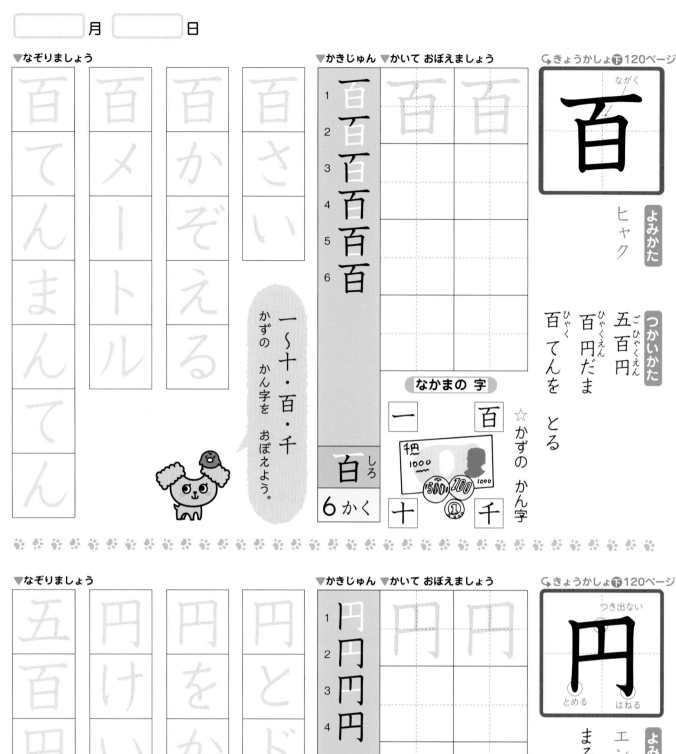

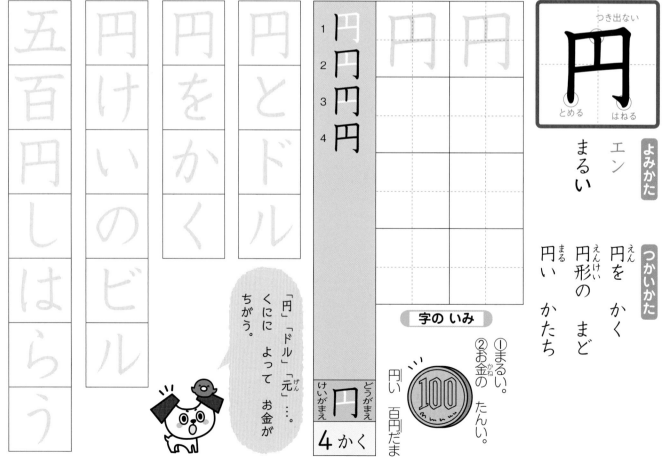

□月 □日

かん字	よみかた	つかいかた	まえに 出た よみかた
小	ショウ	小学校《しょうがっこう》	小《ちい》さい 小《こ》とり
入	ニュウ	入学《にゅうがく》する	入《はい》る
足	ソク	えん足《そく》	足《あし》の うら
手	シュ	あく手《しゅ》	手《て》を つなぐ

かずの かん字が たくさん 出て きたね。 一～十の かん字は 10ページから 14ページに 出て きたよ。

かん字クイズ 5

女の子の さいふの 中には、ぜんぶで いくら あるのかな? かん字で かこう。

こたえ→13ページ

円

＿＿月＿＿日

ぴったり2 れんしゅう

むかしばなしを たのしもう／おはなしを かこう
かん字を つかおう2／子どもを まもる どうぶつたち
小学校の ことを しょうかいしよう／かん字を つかおう3

きょうかしょ 下90〜120ページ
こたえ 8ページ

1 かん字を よみましょう。

① 子（　　）そんを のこす。

② 赤ちゃんが 生（　　）まれる。

③ すもうの 大（　　）かい。

④ 入学（　　）しきを する。

⑤ 百（　　）さいの おじいさん。

⑥ 右（　　）に まがる。

2 □に かん字を かきましょう。

① □《せん》まいの おりがみ。

② □《はや》おきを する。

③ □《ひだり》□《て》を ふる。

④ えん□《そく》に 出かける。

⑤ □《た》んぼの かえる。

⑥ げん気な □《むら》□《びと》。

⑦ 車の うんてん□《しゅ》。

⑧ □《じゅう》□《えん》を はらう。

⑨ □《あし》もとに ちゅうい。

⑩ □《しょう》□《がっ》□《こう》の 中。

□月 □日

ぴったり2

れんしゅう

むかしばなしを たのしもう／おはなしを かこう／かん字を つかおう2／子どもを まもる どうぶつたち／小学校の ことを しょうかいしよう／かん字を つかおう3

きょうかしょ 下90〜120ページ
こたえ 8ページ

1 かん字を よみましょう。

① 田（　）を たがやす。
② カードが ふ足（　）する。
③ 左（　）どなりの 人。
④ 小学生（　）が あつまる。
⑤ 五円（　）だまを さがす。
⑥ あく手（　）を する。

2 □に かん字を かきましょう。

① □《あし》に あった くつ。
② □《う》まれた ばしょ。
③ □《ひゃく》□《ねん》が すぎる。
④ □《むら》はずれの ばしょ。
⑤ □《はや》あるきで いそぐ。
⑥ 大きな □《えん》を かく。
⑦ □《たい》へんな しごと。
⑧ おんせんでの □《にゅう》よく。
⑨ □《みぎ》の ほうを 見る。
⑩ □《に》□《せん》円の お金。

むかしばなしを たのしもう／おはなしを かこう
かん字を つかおう2／子どもを まもる どうぶつたち
小学校の ことを しょうかいしよう／かん字を つかおう3

きょうかしょ 下90～120ページ
こたえ 8ページ

□月 □日

1 かん字を よみましょう。

① しゅっぱつを 早（　）める。
② たまごを 生（　）む。
③ 右足（　）を いためる。
④ 村人（　）を 見つける。
⑤ 大（　）せつな 本。
⑥ 千円（　）さつを わたす。

2 □に かん字を かきましょう。

① 文字《もじ》を □《にゅう》りょくする。
② □《た》うえを てつだう。
③ □《はや》□《あし》で いく。
④ □《ひゃく》まで かぞえる。
⑤ □《ひだり》がわを はしる。
⑥ □《ど》□《そく》を みとめる。
⑦ 六月に □《う》まれる。
⑧ やきゅうの せん□《しゅ》。
⑨ □《はや》めに ねる。
⑩ □《しょう》□《がく》二年生

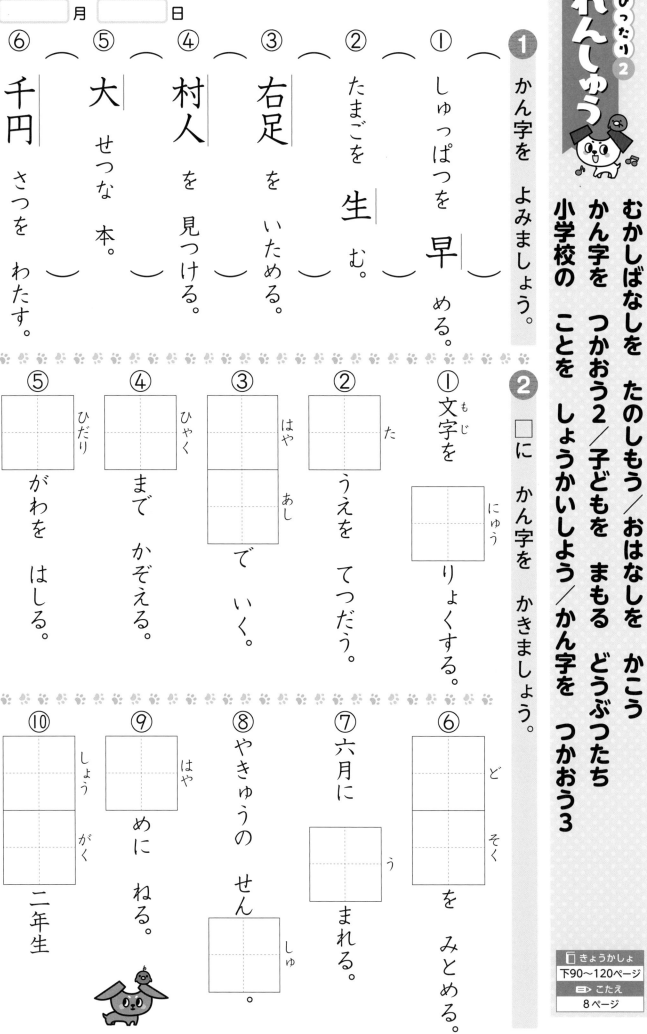

ぴったり1 じゅんび

スイミー

きょうかしょ 下121〜137ページ

月　　日

あたらしく がくしゅうする かん字

きょうかしょ下122ページ

貝

はらう　とめる

よみかた
かい

つかいかた
貝《かい》を たべる
貝《かい》がらを ひろう
まき貝《がい》

▼かきじゅん ▼かいて おぼえましょう

1 貝 2 貝 3 貝 4 貝 5 貝 6 貝 7 貝

貝《かい》
7 かく

できかた

かいの かたちから できた。

▼なぞりましょう

貝を見つける
ほら貝をふく

きょうかしょ下128ページ

糸

はらう　とめる　とめる

よみかた
シ
いと

つかいかた
金糸《きんし》
糸《いと》を まく
つり糸《いと》を たらす

▼かきじゅん ▼かいて おぼえましょう

1 糸 2 糸 3 糸 4 糸 5 糸 6 糸

糸《いと》
6 かく

できかた

いとを たばねた かたちから できた。

▼なぞりましょう

糸でつりさげる
くもが糸を出す

かん字の たしざんを やって みよう

木 ＋ 木 ＝ □

よこに ならべてね。

こたえは 13ページ

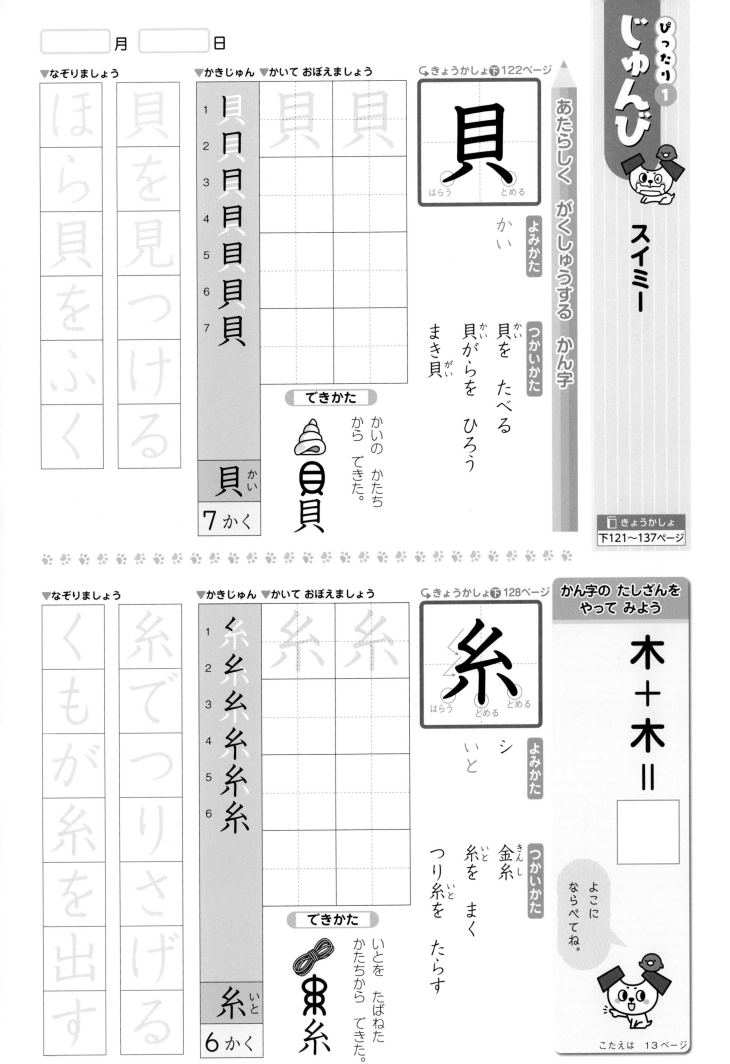

きょうかしょ㊦128ページ

林

みじかく　とめる　はらう　はらう　とめる

よみかた

リン
はやし

つかいかた

林間学校《りんかんがっこう》
林《はやし》の 中《なか》
すぎの 林《はやし》

▼かきじゅん　▼かいて おぼえましょう

1 2 3 4 5 6 7 8

林 きへん《きへん》

8かく

できかた

林

木を 二つ ならべて、木が ならんで はえて いる「はやし」を あらわした。

二つの「木」の かたちが、すこし ちがうね。

▼なぞりましょう

まつ林
ぶなの林
林の中をあるく
林のそばのいえ

よみかたが あたらしい かん字

かん字	よみかた	つかいかた	まえに 出た よみかた
一	ひと	一口《ひとくち》サイズ	一年《いちねん》 一《いっ》ぴき・一《ひと》つ
中	チュウ	水中《すいちゅう》の 貝《かい》	学校《がっこう》の 中《なか》
生	はえる はやす	けが 生《は》える。	先生《せんせい》 生《い》きる 生《う》まれる

月　日

ぴったり1 じゅんび

かたちの にて いる かん字

きょうかしょ 下138〜139ページ

あたらしく がくしゅうする かん字

きょうかしょ 下 138ページ

石（つき出ない・はらう）

よみかた
セキ
シャク
いし
◆コク

つかいかた
岩石《がんせき》が ころがる
じ石《しゃく》
たかい 石《いし》がき

できかた
がけ下に ころがって いる いしの かたちから できた。

▼かきじゅん ▼かいて おぼえましょう
1 2 3 4 5
石《いし》 5かく

▼なぞりましょう
石に つまずく
川の 中の 石ころ

かん字の たしざんを やって みよう

土 ＋ 一 ＝ □

どちらが 上に なるのかな。

こたえは 13ページ

きょうかしょ 下 138ページ

玉（わすれないで・ながく）

よみかた
ギョク
たま（だま）

つかいかた
玉石《ぎょくせき》
とんぼの 目玉《めだま》
水玉《みずたま》もよう

かたちの にた 字
王《おう》　玉

ちがいに ちゅうい！

▼かきじゅん ▼かいて おぼえましょう
1 2 3 4 5
玉《たま》 5かく

▼なぞりましょう
玉入れ
ガラス玉

×王 ○玉
「、」を つける ばしょを まちがえないでね。

月　日

きょうかしょ下138ページ

王

ながく

よみかた

オウ

つかいかた

はだかの 王《おう》さま
王子《おうじ》と 王女《おうじょ》
ホームラン王《おう》

かきじゅん

1 2 3 4

たま 王 おう

4かく

かいて おぼえましょう

王 王

よみがな

○王《おう》さま
×王《おお》さま

王→玉
「、」を つけたら 「玉」だ。

なぞりましょう

王さま
えんま大王
百じゅうの王
王かんをかぶる

きょうかしょ下139ページ

正

つける　ながく

よみかた

セイ
ショウ
ただしい
ただす・まさ

つかいかた

学校《がっこう》の 正門《せいもん》
正月《しょうがつ》やすみ
正《ただ》しい こたえ

かきじゅん

1 2 3 4 5

正 とめる

5かく

かいて おぼえましょう

正 正

一口ちしき

五画《かく》で 見やすい から、かずを かぞえる ときに つかう。

なぞりましょう

正しい人
正しくこたえる
正しいおこない
正しいしせい

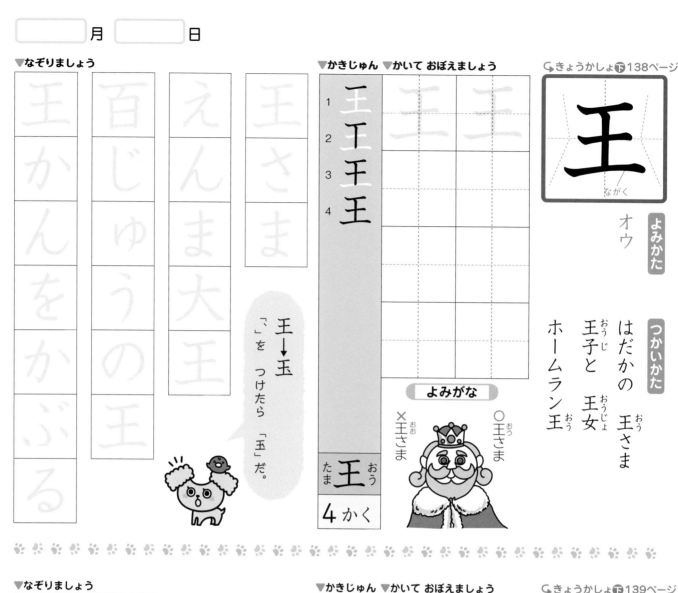

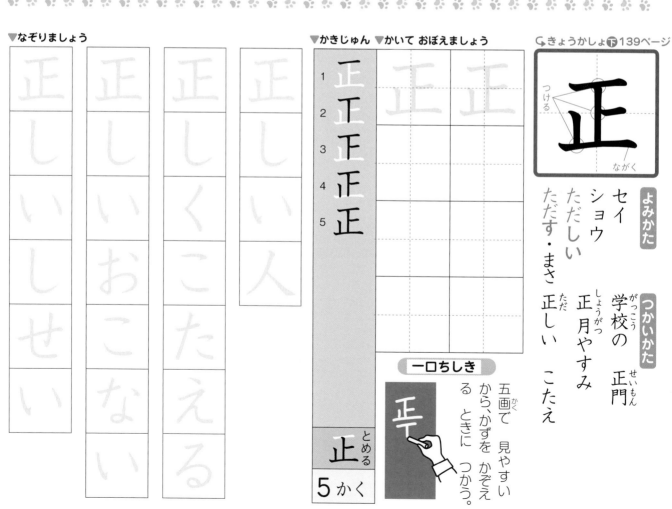

月　　日

きょうかしょ下139ページ

雨

むきに ちゅうい
とめる
はねる

よみかた

ウ
あめ
あま

つかいかた

風雨《ふうう》が つよまる
雨《あめ》が ふる
雨《あま》ぐつを はく

できかた

そらの くもから あめが ふる ようすから できた。

▼かきじゅん ▼かいて おぼえましょう

1 2 3 4 5 6 7 8

雨《あめ》
8かく

雨 雨

▼なぞりましょう

雨が ふる
雨もよう
大雨に なる
くもりのち雨

⺗は、雨《あま》つぶなんだね。

よみかたが あたらしい かん字

かん字	よみかた	つかいかた	まえに出た よみかた
人	にん	三《さん》人《にん》の 男《おとこ》	人《ひと》と あう

かん字クイズ 6

これは なんだろう? これは、「学校」の 二字が かさなった ものなんだ。つぎの ①・②は、どんな 二字が かさなったんだろう。

①

②

こたえ→13ページ

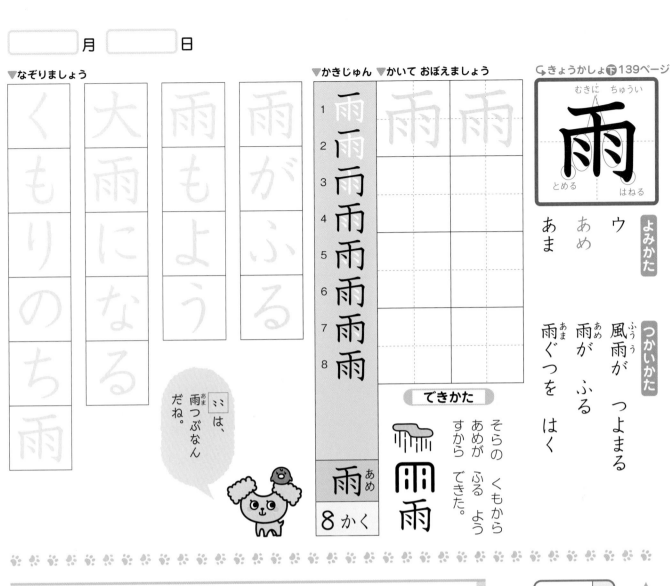

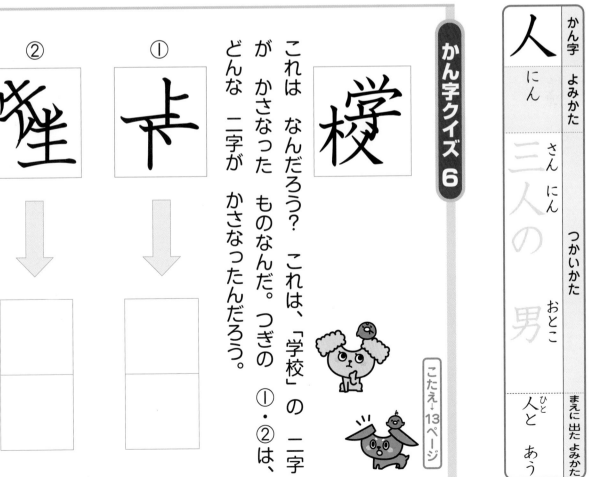

月　　日

ぴったり2
れんしゅう

スイミー
かたちの　にて　いる　かん字

1 かん字を　よみましょう。

① ほそい　糸（　　）で　むすぶ。

② くにの　王（　　）に　なる。

③ 玉（　　）を　ころがす。

④ ひろい　林（　　）。

⑤ ざっそうが　生（　　）えた。

⑥ 雨（　　）の　日に　出かける。

2 □に　かん字を　かきましょう。

① しせいを　□《ただ》す。

② □《にん》ずうを　かぞえる。

③ □《おお》□《あめ》が　ふる。

④ あそびに　む□《ちゅう》だ。

⑤ くろい　からす□《がい》。

⑥ □《ひと》□《くち》で　たべる。

⑦ □《ちゅう》くらいの　大きさ。

⑧ □《おう》かんを　かぶる。

⑨ □《ただ》しい　かん字。

⑩ □《みず》□《たま》の　もよう。

きょうかしょ　下121〜139ページ
こたえ　8ページ

月　日

ぴったり2

れんしゅう

スイミー
かたちの にて いる かん字

きょうかしょ 下121～139ページ
こたえ 9ページ

1 かん字を よみましょう。

①（　　）もう 一 いきだ。

②（　　）ひげを 生 やす。

③（　　）三人 の きょうだい。

④（　　）小石 を あつめる。

⑤（　　）正 しい こたえ。

⑥（　　）中学校 に いく。

2 □に かん字を かきましょう。

① たこの □《いと》。

② □《かい》がらを ひろう。

③ □《たま》入れを する。

④ くさが □《は》える。

⑤ はげしい □《あめ》。

⑥ まちがいを □《ただ》す。

⑦ 大きな □《おう》さま。

⑧ □《にん》ぎょうで あそぶ。

⑨ □《はやし》の 中を あるく。

⑩ □《いし》だんに すわる。

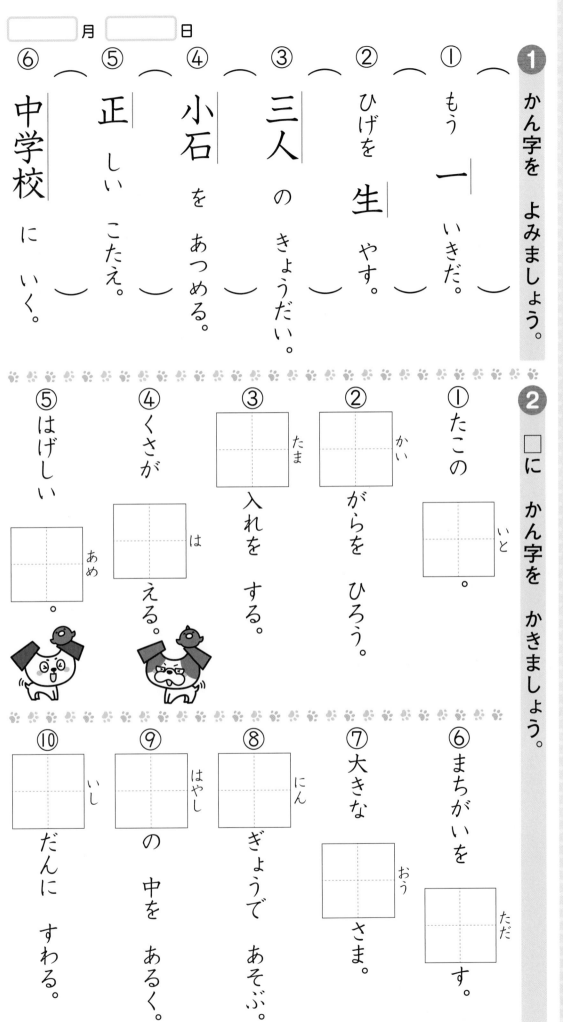

一年かんの おもいでブック かん字を つかおう4

きょうかしょ 下140〜144ページ

月　　日

あたらしく がくしゅうする かん字

きょうかしょ下142ページ

草

ながく　とめる

よみかた
ソウ
くさ

つかいかた
ひろい 草原《そうげん》（くさはら）
草花《くさばな》を そだてる
草《くさ》を かる

かきじゅん（1〜9）

草　くさかんむり

9かく

できかた

艹の ぶぶんは くさの かたちから できた。

なぞりましょう

草が ぼうぼう
ためいけの 水草

きょうかしょ下144ページ

森

はらう　みじかく　とめる

よみかた
シン
もり

つかいかた
ふかい 森林《しんりん》
大《おお》きな 森《もり》
森《もり》の どうぶつ

かきじゅん（1〜12）

森　き

12かく

できかた

木を 三つ あつめて、木が たくさん ある「もり」を あらわした。

なぞりましょう

森の おく
ふかい 森

かん字の たしざんを やって みよう

一
＋
大
＝
□

どちらが うえに なるのかな。

こたえは 13ページ

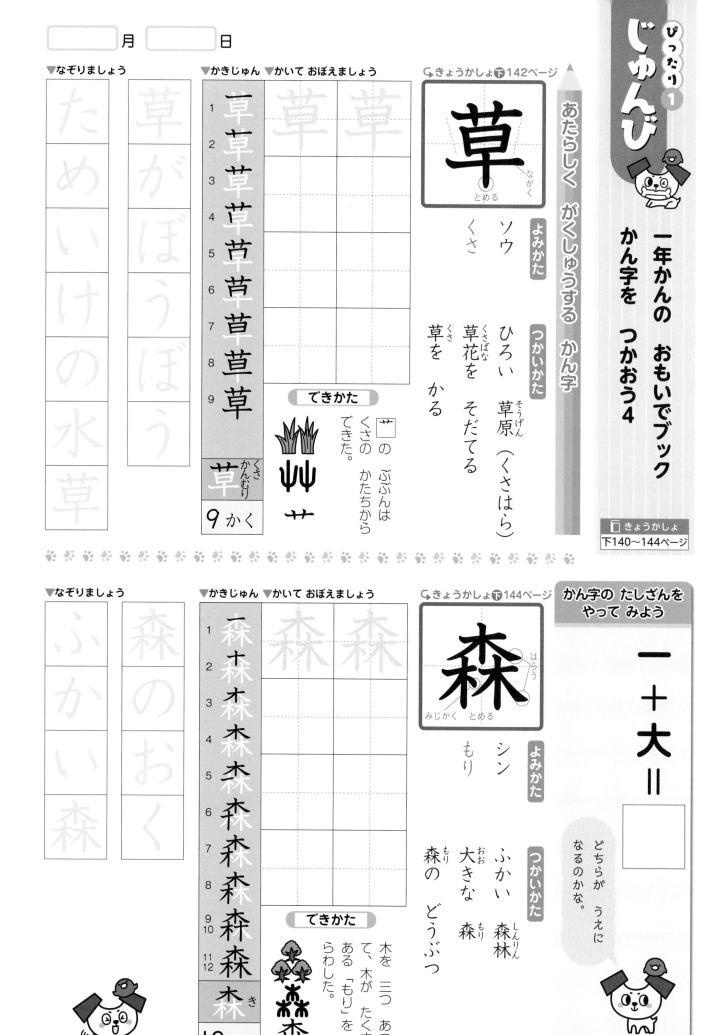

月　日

きょうかしょ下144ページ

天

うえより　みじかく
はらう

よみかた
テン
あま
◆あめ

つかいかた
天《てん》まで　のぼれ
天気《てんき》が　よい
天《あま》の川《がわ》

かきじゅん　1　2　3　4

天《だい》　4かく

かいて おぼえましょう

おぼえかた

☆一＋大＝天

「天は　一ばん　大きいぞ」と　おぼえよう。

なぞりましょう

天まで　とどけ
天ぷらが　すき
たかい天じょう
天こうが　わるい

きょうかしょ下144ページ

竹

はらう　とめる　はねる

よみかた
チク
たけ

つかいかた
竹林《ちくりん》
竹《たけ》のこを　ほる
竹《たけ》うまで　あそぶ

かきじゅん　1　2　3　4　5　6

竹《たけ》　6かく

かいて おぼえましょう

できかた

たけが　はえて　いる　かたちから　できた。

なぞりましょう

竹かごを　あむ
ながい竹ざお
竹うまで　あそぶ
おいしい竹のこ

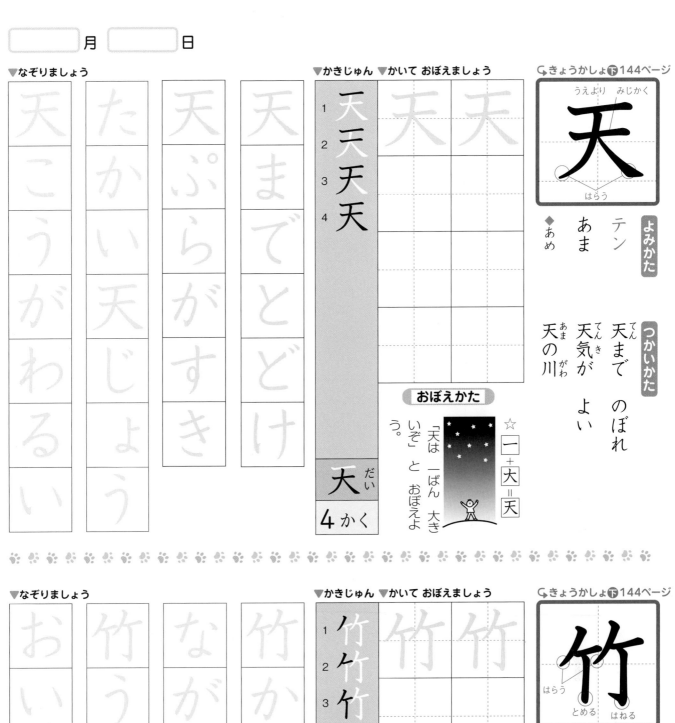

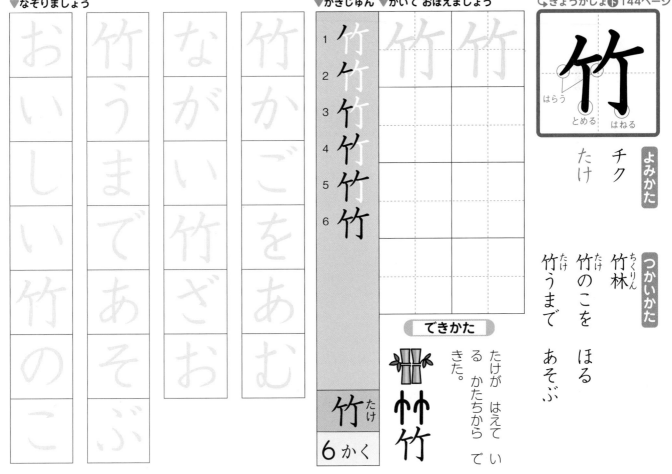

月 日

きょうかしょ下144ページ

虫

とめる

よみかた

チュウ
むし

つかいかた

こん虫《ちゅう》さいしゅう
虫《むし》を さがす
虫《むし》めがね

かきじゅん **かいて おぼえましょう**

1 2 3 4 5 6

虫《むし》

6かく

できかた

まむしが はう ようすから できた。

なぞりましょう

なき虫
虫のこえ
虫にさされる
虫ばをなおす

きょうかしょ下144ページ

夕

みじかく
はらう

よみかた

ゆう
◆セキ

つかいかた

夕日《ゆうひ》が きれい
夕《ゆう》だちが ふる
夕《ゆう》がおの 花

かきじゅん **かいて おぼえましょう**

1 2 3

夕《ゆうべ》 た

3かく

できかた

三日月《みかづき》の かたちから できた。

三日月は 夕がたに 見えるからだよ。

なぞりましょう

夕がた
夕やけこやけ
あかい夕やけ
夕ぐれがちかい

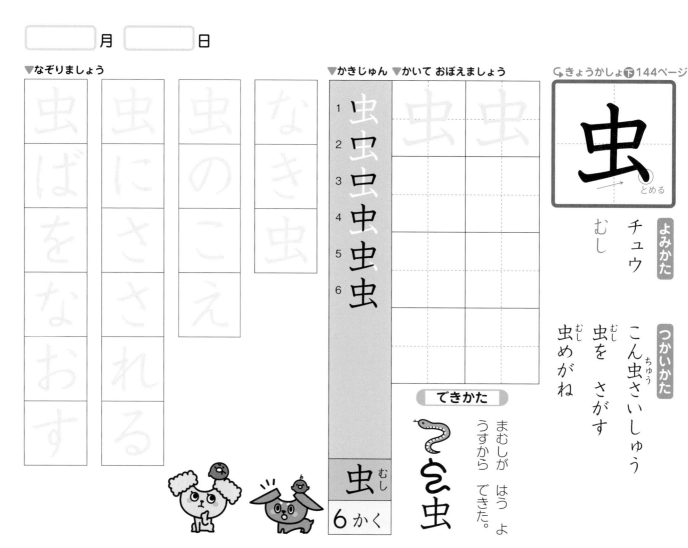

月　　日

きょうかしょ下144ページ

空

はねる
とめる
ながく

よみかた

クウ
そら
あく・あける
から

つかいかた

すんだ 空気《くうき》
空《そら》を とぶ
空《から》っぽの はこ

▼かきじゅん ▼かいて おぼえましょう

1 空　2 空　3 空　4 空　5 空　6 空　7 空　8 空

空 あなかんむり

8かく

くみに なる 字

海《うみ》 空

（二年生《ねんせい》で ならうよ）

▼なぞりましょう

空を見上げる

空にうかぶくも

一年生で ならう かん字は 八十字。これで ぜんぶ 出て きましたよ。かん字を 正しく よんで、かいて、つかえるように なりましょう。

かん字クイズ 7

かぜで みんなの ぼうしが とばされちゃった。だれの ぼうしか、——せんで むすぼう。

（ぼうしと シャツの くみあわせで、かん字に なるよ。）

こたえ↓13ページ

かん字クイズ８

つぎの　えの　□に　あてはまる　ことばを　下から　えらんで、かん字に　なおして　かきましょう。

こたえ→13ページ

やま　かわ　むし　まち　むら　き　はやし　いぬ　た　そら

月　　日

ぴったり2
れんしゅう

一年かんの おもいでブック
かん字を つかおう4

1 かん字を よみましょう。

① くもった 空。（　　）

② 夕ごはんを たべる。（　　）

③ 草ぶえを ふく。（　　）

④ 天さいと いわれる。（　　）

⑤ 虫とりあみを かう。（　　）

⑥ きらきら ひかる 竹。（　　）

2 □に かん字を かきましょう。

① ウマが □《くさ》を たべる。

② □《たけ》ひごを かぞえる。

③ □《てん》□《き》よほう

④ □《ゆう》がおの 花。

⑤ いも□《むし》を 見つける。

⑥ □《そら》□《みみ》が する。

⑦ □《もり》に いる 生きもの。

⑧ □《ゆう》ぐれが ちかづく。

⑨ □《てん》ぷらを つくる。

⑩ □《くさ》かりを する。

きょうかしょ 下140〜144ページ
こたえ 9ページ

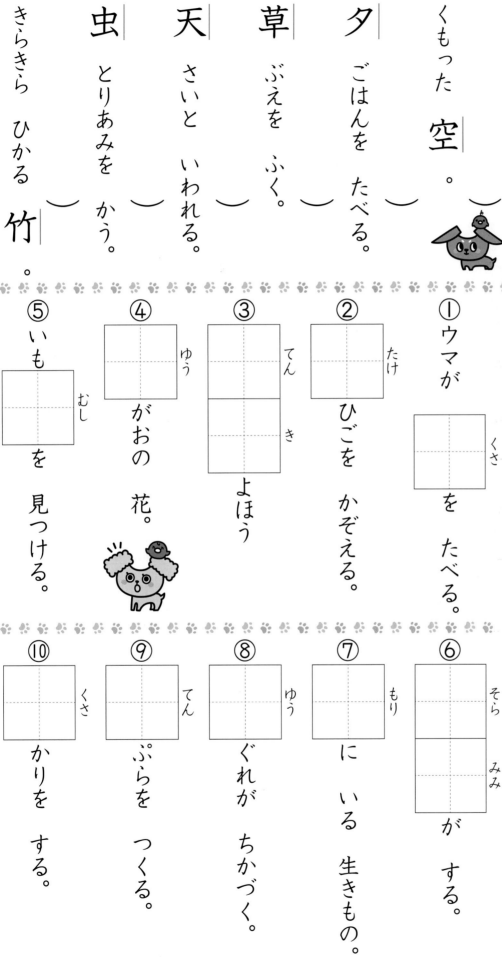

はるの チャレンジテスト①

じかん 30 ぷん　　／100　　ごうかく 80 てん

きょうかしょ　下90～144ページ
こたえ　9ページ

1 ――せんの かん字の よみがなを かきましょう。　一つ2てん（20てん）

①（　　）円の 中に（　　）石を おく。

②（　　）百人で 大きな（　　）竹とんぼを つくる。

③（　　）林の 中で（　　）虫とりを する。

④（　　）空を 見ながら（　　）百まで かぞえる。

⑤（　　）右に まがると（　　）天ぷらやが ある。

2 つぎの □に 入る かん字を かきましょう。　一つ4てん（24てん）

① えん　□《そく》《あし》　あと

② □《しょう》《こ》《とり》　学生

③ せん　□《しゅ》《て》　ぶくろ

④ □《はい》《にゅう》《りょく》　る

⑤ 先　□《せい》《は》　える

⑥ □《いち》《ひと》《いき》　ばん

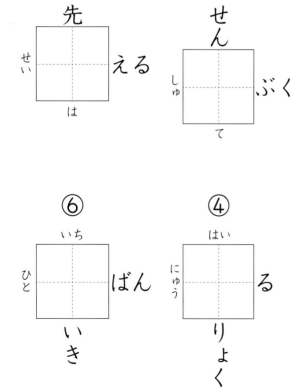

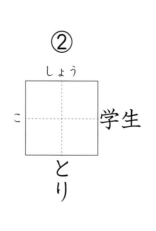

□月 □日

3 上と はんたいの いみになる ことばを、かん字で かきましょう。

一つ4てん(20てん)

① 右 ― □

② おそい じかん ― □い じかん

③ はれ ― □

④ まちがった 字 ― □しい 字

⑤ あさやけ ― □やけ

4 つぎの □に かん字を かきましょう。

一つ3てん(36てん)

① きれいな □《かい》がらを □《いと》で つるす。

② □《た》うえの まえに □《くさ》を かる。

③ □《たま》□《い》れの □《たい》かい。

④ □《ご》□《せん》人が くらす □《むら》。

⑤ □《ちゅう》□《がっ》□《こう》の ちかくの □《もり》。

⑥ □《おう》さまの 子どもが □《う》まれる。

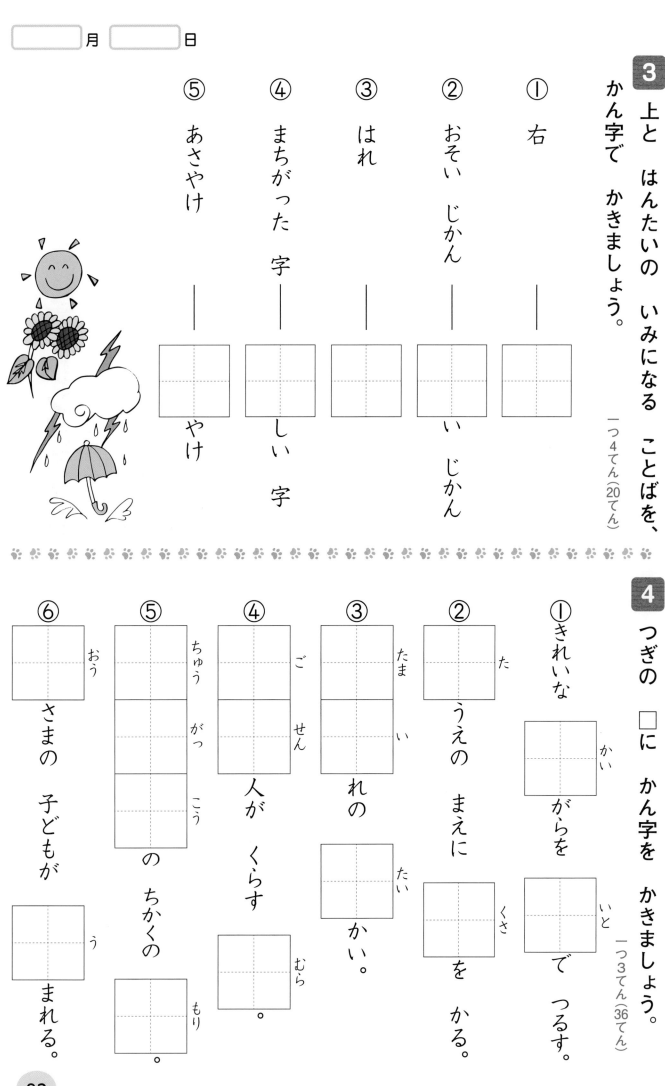

はるの チャレンジテスト②

1 ――せんの かん字の よみがなを かきましょう。 一つ2てん（20てん）

① みちの 左（　　）がわに 田（　　）が ひろがる。

② 糸（　　）を ひっぱって 右（　　）に よせる。

③ 草（　　）が たくさん 生（　　）える。

④ 子（　　）そんと あく手（　　）する。

⑤ 水中（　　）での 正（　　）しい しせい。

2 つぎの かん字の 正しい かきじゅんに ○を つけましょう。 一つ4てん（20てん）

① 正
あ（　） 一 丅 下 𤴓 正
い（　） 一 丅 丌 𤴓 正

② 左
あ（　） 一 ナ 𠂇 𠂇 左
い（　） ノ ナ 𠂇 𠂇 左

③ 右
あ（　） 一 ナ 𠂇 右 右
い（　） ノ ナ 𠂇 右 右

④ 糸
あ（　） 𠃋 幺 幺 糸 糸 糸
い（　） 𠃋 幺 幺 糸 糸 糸

⑤ 田
あ（　） 丨 冂 冂 田 田
い（　） 丨 冂 口 田 田

じかん 30 ぷん
／100
ごうかく 80 てん

きょうかしょ 下90～144ページ
こたえ 10ページ

3 かたちに 気を つけて、□に かん字を かきましょう。

一つ4てん（24てん）

①
あ 大きな くにの □《おう》。
い きれいに ひかる □《たま》。

②
あ どうぶつの □《あし》 あと。
い 小さな □《むし》を つかまえる。

③
あ くらい □《もり》の 中。
い □《はやし》から 出てくる。

4 つぎの □に かん字を かきましょう。

一つ3てん（36てん）

① □《むら》□《びと》は □《はや》 おきだ。

② □《せん》□《えん》で □《たけ》うまを かう。

③ □《ゆう》がたの □《てん》□《き》。

④ □《そら》から □《あめ》が ふる。

⑤ きれいな □《かい》がらや □《いし》。

⑥ □《ひゃく》□《にん》が □《にゅう》□《がく》する。

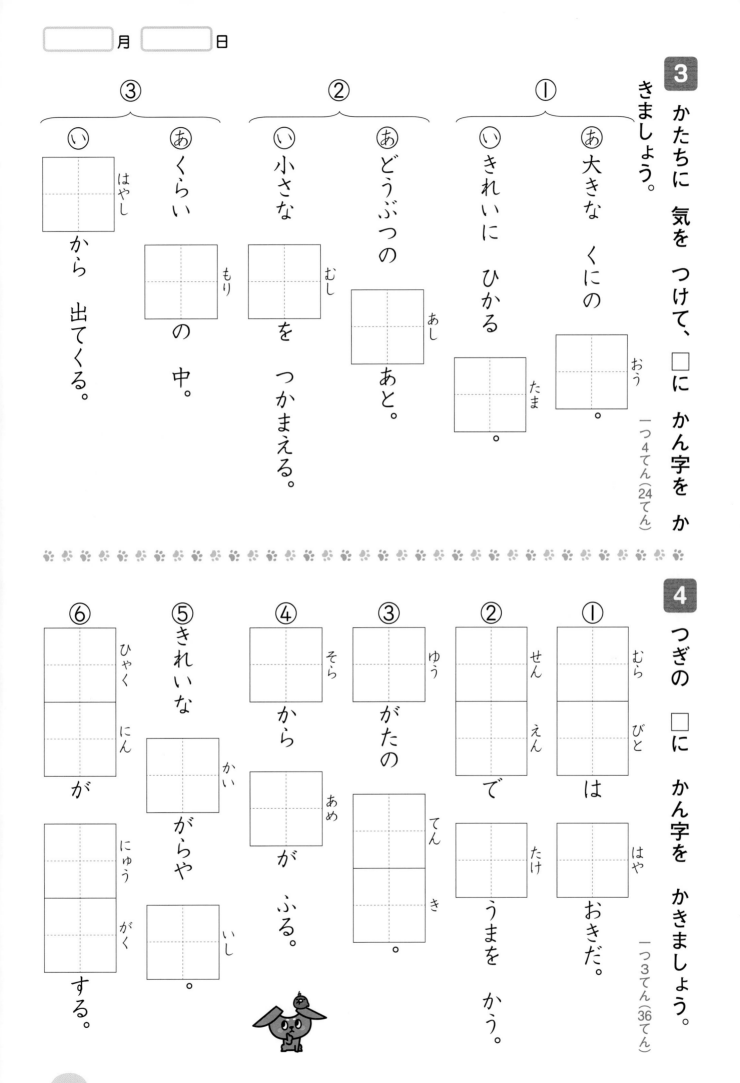

よみかたさくいん

❖一年生で ならう かん字の よみを ぜんぶ のせて います。
❖かたかなは 音《おん》よみ、ひらがなは くんよみです。
❖＊の よみは 小学校《しょうがっこう》では ならわない よみかたです。
❖すう字は この 本で 出て くる ページです。

あ

あお 青 46
あおい 青 46
あか 赤 45
あかい 赤 45
あからむ 赤 45
あからめる 赤 45
あがる 上 19
あく 空 79
あける 空 79
あげる 上 19
＊あざ 字 39
あし 足 61
あま 天 77
あま 雨 73
＊あめ 天 77
あめ 雨 73

い

いかす 生 30
いきる 生 30
いける 生 30
いし 石 71
イチ 一 10
イツ 一 10
いつ 五 12
いつつ 五 12
いと 糸 69
いぬ 犬 24
いる 入 24
いれる 入 24
＊イン 音 38

う

ウ 雨 73
ウ 右 62
うえ 上 19
うまれる 生 30
うむ 生 30
うわ 上 19

え

エン 円 64

お

お 小 25
＊おう 生 30
オウ 王 72
おお 大 23
おおいに 大 23
おおきい 大 23
おと 音 38
おとこ 男 52
おりる 下 20
おろす 下 20
オン 音 38
おんな 女 51

か

カ 下 20
カ 火 31
カ 花 37
か 日 31
かい 貝 69
ガク 学 43
ガツ 月 19
かな 金 32
かね 金 32
かみ 上 19
から 空 79
かわ 川 18

き

キ 気 30
き 木 17
＊き 生 30
キュウ 九 14
キュウ 休 41
ギョク 玉 71
キン 金 32

く

ク 九 14
ク 口 47
クウ 空 79
くさ 草 76
くださる 下 20
くだす 下 20
くだる 下 20
くち 口 47
くるま 車 42

け

ケ 気 30
ゲ 下 20
ゲツ 月 19
ケン 見 29
ケン 犬 24

こ

こ 木 17
こ 小 25
こ 子 51
ゴ 五 12
コウ 校 43
コウ 口 47
＊コク 石 71
ここの 九 14
ここのつ 九 14
コン 金 32

さ

サ 左 62
さがる 下 20
さき 先 29
さげる 下 20
＊サッ 早 60
サン 三 11
サン 山 17

し

シ 四 11
シ 子 51
シ 糸 69
ジ 字 39
＊ジ 耳 48
した 下 20
シチ 七 13
ジッ〈ジュッ〉 十 14
ジツ 日 31
しも 下 20
シャ 車 42
＊シャク 赤 45
シャク 石 71
シュ 手 45
ジュウ 十 14
ジュウ 中 23
シュツ 出 26
ジョ 女 51
ショウ 小 25
＊ショウ 青 46
ショウ 正 72
＊ショウ 上 19
ショウ 生 30

ジョウ 上 19
しら 白 25
しろ 白 25
しろい 白 25
シン 森 76
ジン 人 41

す

ス 子 51
スイ 水 32
*スイ 出 26

せ

セイ 青 46
セイ 正 72
セイ 生 30
*セキ 夕 78
セキ 赤 45
セキ 石 71
*セン 川 18
セン 先 29
セン 千 63

そ

ソウ 草 76
ソウ 早 60
ソク 足 61
そら 空 79
ソン 村 60

た

*た 手 45
た 田 63
タイ 大 23
ダイ 大 23
たけ 竹 77
たす 足 61
だす 出 26
ただしい 正 72
ただす 正 72
たつ 立 47
たてる 立 47
たま 玉 71
たりる 足 61
たる 足 61
ダン 男 52

ち

ち 千 63
ちいさい 小 25
ちから 力 26
チク 竹 77
チュウ 虫 78
チュウ 中 23
チョウ 町 38

つ

つき 月 19
つち 土 33

て

て 手 45
でる 出 26
テン 天 77
デン 田 63

と

ト 土 33
と 十 14
ド 土 33
とお 十 14
とし 年 52

な

な 名 46
なか 中 23
なな 七 13
ななつ 七 13
なの 七 13
なま 生 30
ナン 男 52

に

ニ 二 10
ニチ 日 31
ニュウ 入 24
*ニョ 女 51
*ニョウ 女 51
ニン 人 41

ね

ね 音 38
ネン 年 52

の

*のぼす 上 19
*のぼせる 上 19
のぼる 上 19

は

はいる 入 24
はえる 生 30
ハク 白 25
ハチ 八 13
はな 花 37
はやい 早 60
はやし 林 70
はやす 生 30
はやまる 早 60
はやめる 早 60

ひ

ひ 日 31
ひ 火 31
ひだり 左 62
ひと 一 10
ひと 人 41
ひとつ 一 10
ヒャク 百 64
*ビャク 白 25

ふ

ふた 二 10
ふたつ 二 10
*ふみ 文 37
ブン 文 37

ほ

*ほ 火 31
ボク 木 17
*ボク 目 18
ホン 本 42

ま

*ま 目 18
まさ 正 72
まち 町 38
まなぶ 学 43
まるい 円 64

み

み 三 11
みえる 見 29
みぎ 右 62
みず 水 32
みせる 見 29
みつ 三 11
みっつ 三 11
みみ 耳 48
ミョウ 名 46
みる 見 29

む

む 六 12
むい 六 12
むし 虫 78
むつ 六 12
むっつ 六 12
むら 村 60

め

＊め	女	51
め	目	18
メイ	名	46

も

モク	木	17
モク	目	18
＊もと	下	20
もと	本	42
もり	森	76
モン〈モ〉	文	37

や

や	八	13
やす**まる**	休	41
やす**む**	休	41
やす**める**	休	41
や**つ**	八	13
やっ**つ**	八	13
やま	山	17

ゆ

ユウ	右	62
ゆう	夕	78

よ

よ	四	11
よう	八	13
よ**つ**	四	11
よっ**つ**	四	11
よん	四	11

り

リキ	力	26
リツ	立	47
＊リュウ	立	47
リョク	力	26
リン	林	70

ろ

ロク	六	12

（切り取り線）

1年 かん字のまとめ

学力《がくりょく》しんだんテスト①

なまえ

月　日

じかん 30ぷん

ごうかく80てん

／100

こたえ11ページ

1 ━せんの かん字の よみがなを かきましょう。　一つ1てん(20てん)

① 五くみの 先生は 男の 人だ。

② シャボン 玉を 空に とばす。

③ 耳の ような かたちの 石。

④ 山の きれいな 水を のんだ。

2 □に かん字を かきましょう。　一つ1てん(20てん)

① □《もり》で □《おう》さまに あう。

② 六月 □□《ようか》は □《あめ》だった。

③ □《た》んぼに □《た》つ かかし。

④ いえを □《はや》く □《で》る。

おお

いぬ

3 かん字の　ふたとおりの　よみかたを　かきましょう。

一つ2てん（20てん）

① 小
- あ 小とり。（　）
- い 小さな　村。（　）

② 土
- あ ねん土ざいく。（　）
- い 土ぼこり。（　）

③ 水
- あ いんりょう水。（　）
- い 水たまり。（　）

④ 金
- あ お金もち。（　）
- い 金こに　しまう。（　）

⑤ 火
- あ 火よう日。（　）
- い 火が　もえる。（　）

（切り取り線）

6 ――せんの　まちがった　かん字を　ただしい　字で　かきましょう。

一つ2てん（12てん）

① 石手を　あげる。

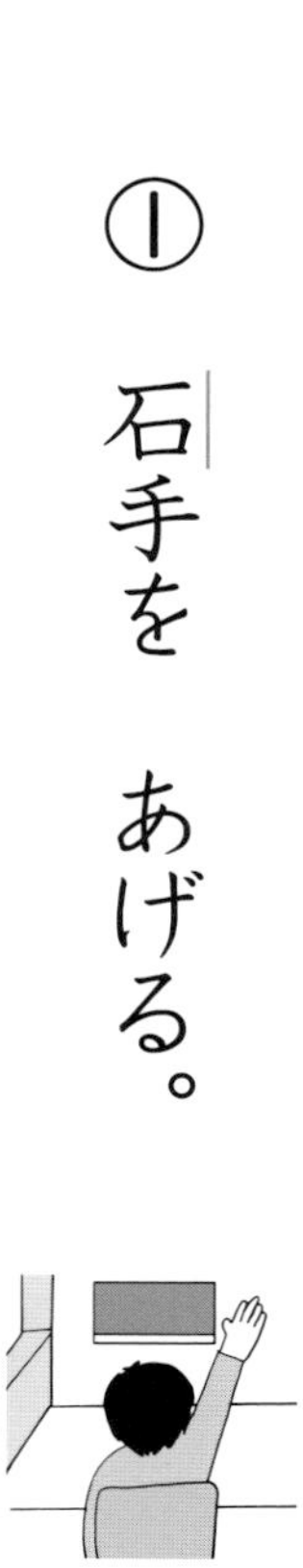

② にわの　上を　ほる。

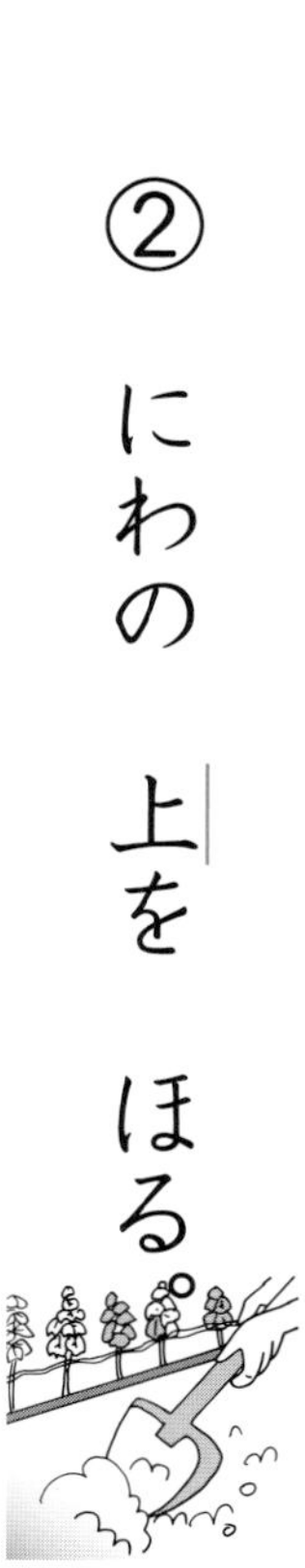

③ 青い　うみを　貝る。

④ 町で　入に　あう。

⑤ かん学を　かく。

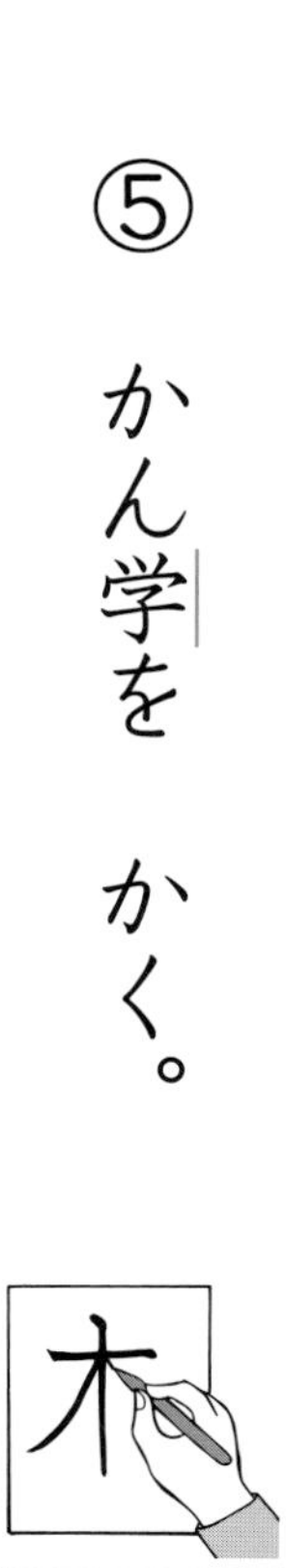

⑥ 大ぷらを　たべる。

3 えの もののかずを、かん字を つかって かきましょう。 一つ2てん(8てん)

〈れい〉

三びき

①

②

③

④

---

5 あとの □から なかまの かん字を えらんで、□の かずだけ かきましょう。 一つ2てん(20てん)

① いろを あらわす かん字。

□□□

② かずを あらわす かん字。

□□□

③ しょくぶつを あらわす かん字。

□□□□

千 小 竹 赤 九 木
白 百 中 花 青 草

（切り取り線）

⑤ この本は、百ページある。

⑥ 村ですこしのあいだ休む。

⑦ 名まえもしらない子。

⑧ 竹やぶにめずらしい虫がいた。

⑨ 町についての文をかく。

⑩ 左手にきれいな花をもつ。

(切り取り線)

⑤ □きな□がほえる。

⑥ □《つき》を□《み》□《あ》げる。

⑦ □《かわ》のながれる□《おと》。

⑧ □《くるま》に□《き》をつける。

⑨ うちの□《なか》に□《はい》る。

⑩ 木の□《した》で□《えん》になる。

↵うらにも　もんだいが　あります。

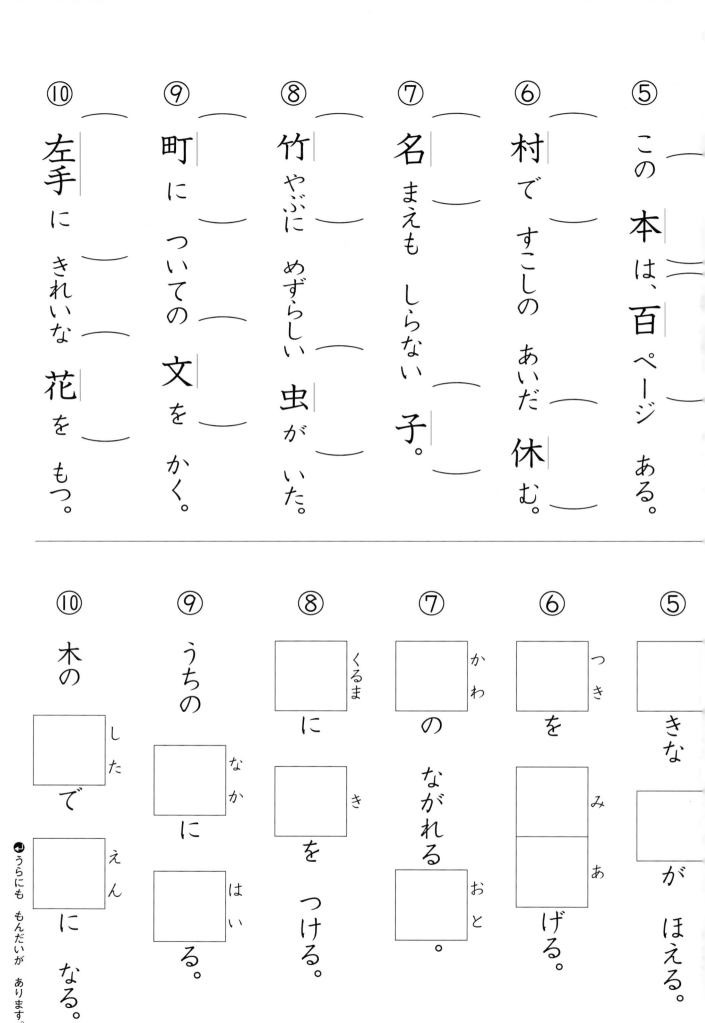

1年 かん字のまとめ

学《がく》力《りょく》しんだんテスト②

なまえ

月　日

じかん 30ぷん

ごうかく80てん

／100

こたえ12ページ

1 ――せんの　かん字の　よみがなを　かきましょう。

一つ1てん(20てん)

① (　)学校(　)が　なくても(　)早(　)く　おきる。

② (　)犬(　)を　つれて(　)森(　)に　いく。

③ (　)王(　)さまが(　)金(　)いろの　いすに　すわる。

④ (　)足(　)を　のばすと(　)気(　)もちが　よい。

2 □に　かん字を　かきましょう。

一つ1てん(20てん)

① □(ひゃく)にんの　□(おとこ)が　あつまる。

② □(ひ)が　□(あか)く　もえる。

③ □(おんな)の子に　□(な)まえを　きく。

④ □(はな)に　□(みず)を　やる。

4 つぎの かん字の あかい ぶぶんは、なんばんめにかきますか。□に すう字を かきましょう。

一つ2てん(20てん)

① 田 □

② 力 □

③ 犬 □

④ 手 □

⑤ 出 □

⑥ 車 □

⑦ 中 □

⑧ 竹 □

⑨ 右 □

⑩ 糸 □

かん字を かきましょう。

一つ4てん(16てん)

(切り取り線)

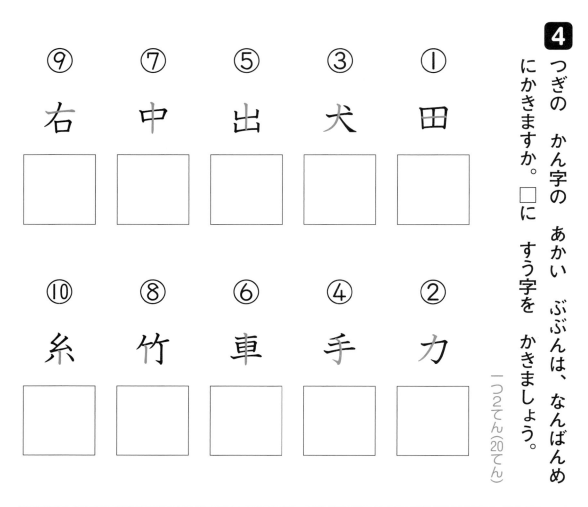

3 うえの ことばと はんたいの いみの ことばを、かん字でかきましょう。

一つ2てん(14てん)

① すわる ― □つ

② はたらく ― □む

③ 右 ― □

④ にせもの ― □もの

⑤ はれ ― □

⑥ おとな ― □ども

5 つぎの かん字に 下の □の ぶぶんを つけて、べつの かん字を つくりましょう。

ぶぶん・かん字とも せいかいで 一つ2てん(10てん)

〈れい〉 一 ＋ 白 ＝ 百

① 立 ＋ □ ＝ □

② 八 ＋ □ ＝ □

③ 大 ＋ □ ＝ □

④ 早 ＋ □ ＝ □

⑤ 田 ＋ □ ＝ □

亠	丁	白	日	一	艹

(切り取り線)

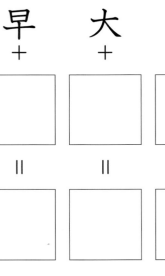

⑤ 木（　　）ようびに　川（　　）で　あそんだ。

⑥ 青（　　）い　りっぱな　車（　　）が　とまった。

⑦ あにと　力（　　）を　あわせて　土（　　）を　もる。

⑧ 九（　　）本の　はたを　立（　　）てる。

⑨ ビルの　上（　　）から　けしきを　見（　　）る。

⑩ け　糸（　　）で　まるい　玉（　　）を　つくる。

（切り取り線）

⑤ □を　□さく　かく。

⑥ □《しろ》い　□《かい》がらを　ひろう。

⑦ □《やま》に　□□《ゆうひ》が　しずむ。

⑧ □□《じゅうがつ》に　□《う》まれる。

⑨ □《むし》が　□《そら》を　とぶ。

⑩ □《はやし》の　さきに　□《むら》が　ある。

うらにも　もんだいが　あります。

この「まるつけラクラクかいとう」はとりはずしてお使いください。

教科書ぴったりトレーニング

まるつけラクラクかいとう

東京書籍版 かん字１年

「まるつけラクラクかいとう」では問題と同じ紙面に、赤字で答えを書いています。

見やすい答え

てびき

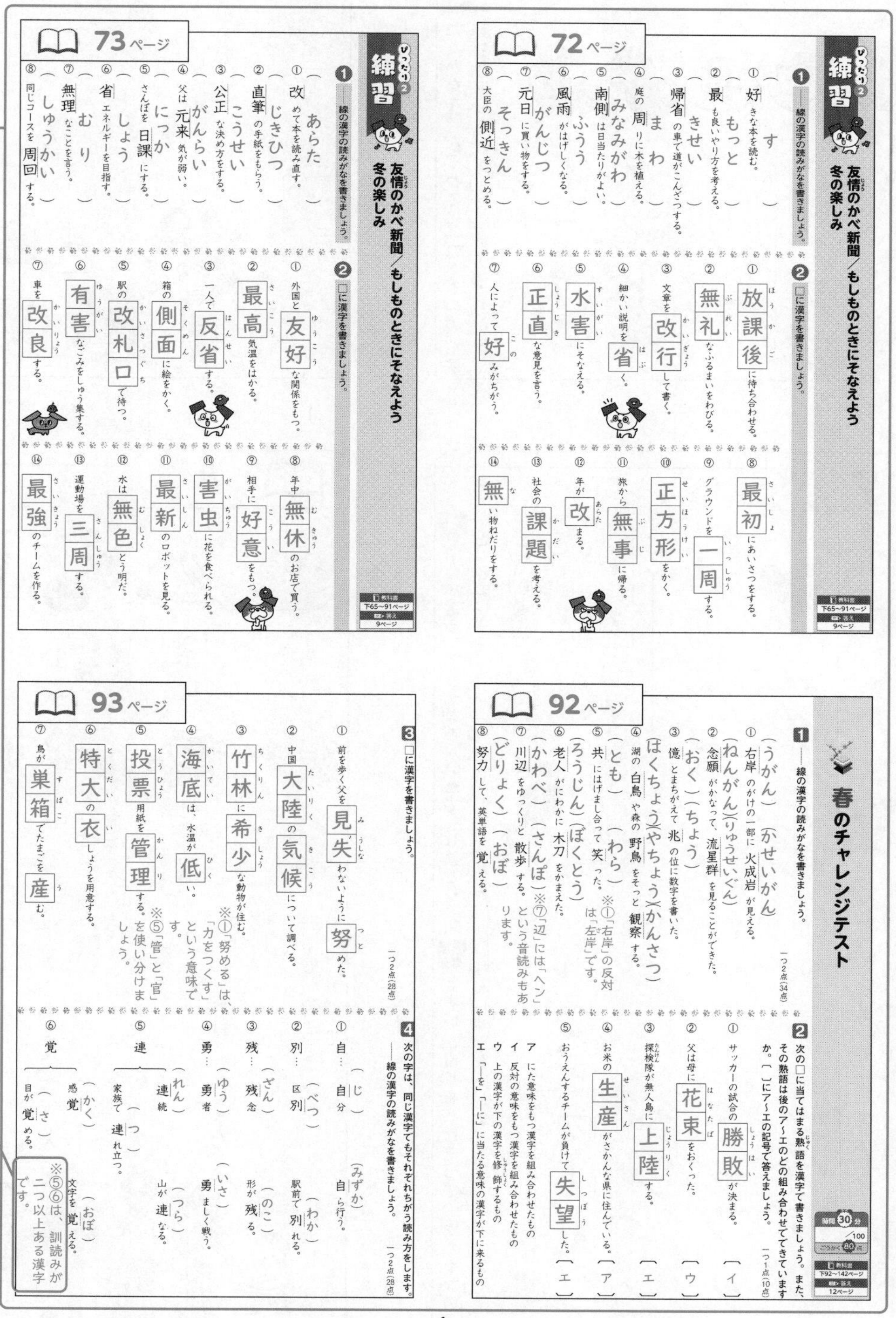

※紙面はイメージです。

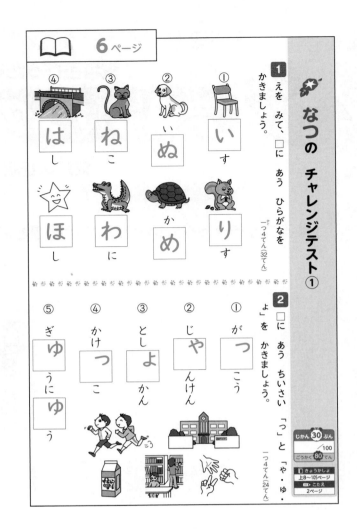

6ページ

なつの チャレンジテスト①

じかん30ぷん　/100　ごうかく80てん
きょうかしょ 上8～105ページ　こたえ 2ページ

1 えを みて、□に あう ひらがなを かきましょう。　一《ひと》つ4てん(32てん)

① [い]す　② い[ぬ]　③ [ね]こ　④ [は]し

[り]す　か[め]　[わ]に　[ほ]し

2 □に あう ちいさい 「っ」と 「ゃ・ゅ・ょ」を かきましょう。　一《ひと》つ4てん(24てん)

① が[っ]こう　② じ[ゃ]んけん　③ とし[ょ]かん　④ かけ[っ]こ　⑤ ぎ[ゅ]うに[ゅ]う

7ページ

3 「は・へ・を」を つかわないと いけない じに ×を つけて、みぎに ただしい じを かきましょう。　一つ2てん(20てん)

(れい) おとうと×わ(は) けんか×お(を) した。

① わたし×わ(は) へちまの え×お(を) かいた。

② やま×え(へ) くり×お(を) ひろいに いこう。

③ みんな×わ(は) おにごっこ×お(を) した。

④ べんとう×お(を) もって うみ×え(へ) いく。

⑤ にわとり×わ(は) にわ×お(を) かけまわった。

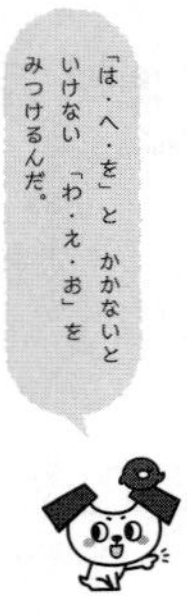

「は・へ・を」と かかないと いけない 「わ・え・お」を みつけるんだ。

4 かたかなを なぞって、たべものの なまえを かんせいさせましょう。　一つ4てん(24てん)

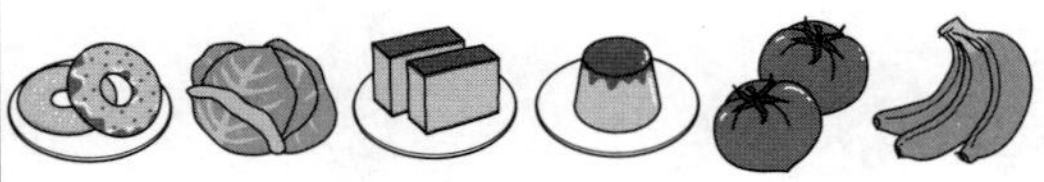

① バナナ　② トマト　③ プリン　④ カステラ　⑤ キャベツ　⑥ ドーナツ

8ページ

なつの チャレンジテスト②

じかん30ぷん　/100　ごうかく80てん
きょうかしょ 上8～105ページ　こたえ 2ページ

1 えを みて、□に あう ひらがなを かきましょう。　一《ひと》つ4てん(32てん)

① [さ]る　② か[き]　③ [は]ね　④ [ふ]た

[ざ]る　か[ぎ]　かっ[ぱ]　きっ[ぷ]

2 □に ひらがなを いれて、かぞくの よびかたに しましょう。　一《ひと》つ4てん(20てん)

① おか[あ]さん　② おと[う]さん　③ おに[い]さん　④ おね[え]さん　⑤ いも[う]と

9ページ

3 □に あう ひらがなを いれて、しりとりを しましょう。　一つ4てん(24てん)

いか → からす → すずめ → めがね → ねずみ → みずでっぽう

4 うすい もじを なぞって、かたかなの れんしゅうを しましょう。　一つ4てん(24てん)

① てれび　テレビ
② ぺんぎん　ペンギン
③ とらっく　トラック
④ しゃつ　シャツ
⑤ さっかあ　サッカー
⑥ すぷうん　スプーン

15ページ

ぴったり2 れんしゅう　かぞえうた

1 かんじを よみましょう。

① おにぎりが 二（ふた）つ。
② 三（みっ）つ かぞえる。
③ ほしが 五（いつ）つ ひかる。
④ 七（なな）つに なる。
⑤ 九（きゅう）ひきの いぬ。
⑥ えんぴつが 十（じっ（じゅっ））ぽん。

2 □に かんじを かきましょう。

① はがきが 一《いち》まい。
② 二《に》わの すずめ。
③ 三《さん》にんの こども。
④ いちごが 四《よっ》つ。
⑤ 五《ご》とうの うし。
⑥ 六《ろっ》けんの いえ。
⑦ 七《なな》だいの くるま。
⑧ ハンカチが 八《はち》まい。
⑨ 九《く》がつに なる。
⑩ 十《とお》かかんの りょこう

きょうかしょ 上114～117ページ　こたえ 3ページ

16ページ

ぴったり2 れんしゅう　かぞえうた

1 かんじを よみましょう。

① 一（ひと）つの ほし。
② 四（よん）ばんめに ならぶ。
③ 六（むっ）つに わける。
④ 八（やっ）つ かぞえる。
⑤ くるまが 九（きゅう）だい。
⑥ 十（とお（じゅう））まで かぞえる。

2 □に かんじを かきましょう。

① えんぴつが 二《に》ほん。
② 三《さん》かくじょうぎ
③ 五《ご》ひきの ねこ。
④ 六《ろく》にんで あそぶ。
⑤ 七《なな》いろの にじ。
⑥ 七《しち》がつ うまれ。
⑦ 八《はっ》ぴきの ねこ。
⑧ 九《ここの》つ かぞえる。
⑨ 九《く》じに ねる。
⑩ 十《じっ》ぴきの うま。

きょうかしょ 上114～117ページ　こたえ 3ページ

21ページ

ぴったり2 れんしゅう　かんじの はなし

1 かんじを よみましょう。

① 山（やま） みちを あるく。
② おおきな 木（き）。
③ 川（かわ）が ながれる。
④ 目（め）を ひらく。
⑤ 月（つき）が きれい。
⑥ 上（うえ）に のぼる。

2 □に かんじを かきましょう。

① 下《した》に おりる。
② 山《やま》に のぼる。
③ たかい 山《やま》。
④ 木《き》が はえている。
⑤ つめたい 川《かわ》。
⑥ 川《かわ》の そば。
⑦ 目《め》を とじる。
⑧ まるい 月《つき》。
⑨ 月《つき》が でる。
⑩ かいだんの 上《うえ》。

きょうかしょ 上126～129ページ　こたえ 3ページ

22ページ

ぴったり2 れんしゅう　かんじの はなし

1 かんじを よみましょう。

① つくえの 下（した）。
② とおくの 山（やま）。
③ くりの 木（き）。
④ 川（かわ）で あそぶ。
⑤ ねこの 目（め）。
⑥ 月（つき）の ひかり。

2 □に かんじを かきましょう。

① 上《うえ》に のせる。
② とし上《うえ》の おにいさん。
③ 下《した》じきを つかう。
④ 下《した》に おく。
⑤ 山《やま》と たに。
⑥ おおきな 木《き》。
⑦ 木《き》で できた いす。
⑧ 川《かわ》に はいる。
⑨ 目《め》が まわる。
⑩ きいろの 月《つき》。

きょうかしょ 上126～129ページ　こたえ 3ページ

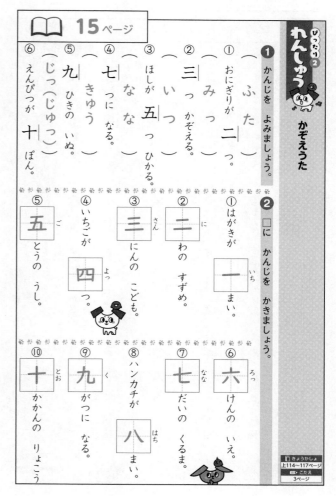

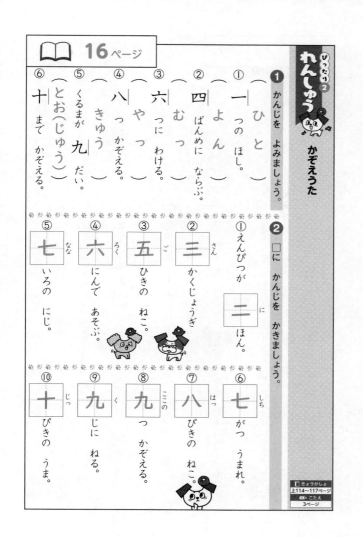

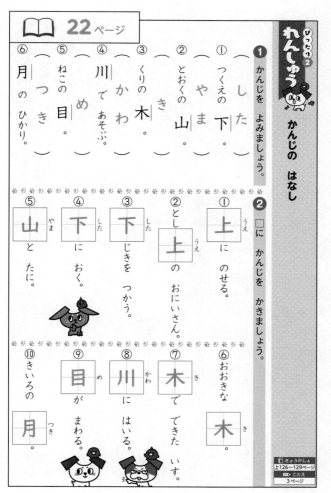

27ページ

ぴったり2 れんしゅう

サラダで げんき

1 かんじを よみましょう。

① へやの 中（なか）。
② 大（おお）きな こえ。
③ いえに 入（はい）る。
④ くろい 犬（いぬ）。
⑤ 小（ちい）さな むし。
⑥ 白（しろ）い うさぎ。

2 □に かんじを かきましょう。

① はこから 出《だ》す。
② そとに 出《で》る。
③ 力《ちから》が つよい。
④ はこの 中《なか》。
⑤ 大《おお》そうじを する。
⑥ かごに 入《い》れる。
⑦ 犬《いぬ》が ほえる。
⑧ ありは 小《ちい》さい。
⑨ 白《しろ》い かみ。
⑩ 白《しろ》くまを みる。

きょうかしょ 下5〜19ページ
こたえ 4ページ

28ページ

ぴったり2 れんしゅう

サラダで げんき

1 かんじを よみましょう。

① げんきが 出（で）る。
② てがみを 出（だ）す。
③ 力（ちから）が わく。
④ みずを 入（い）れる。
⑤ ぞうは 大（おお）きい。
⑥ 犬（いぬ）が はしる。

2 □に かんじを かきましょう。

① 小《ちい》さな おさら。
② 白《しろ》いろの くも。
③ えんぴつを 出《だ》す。
④ そとに 出《で》かける。
⑤ 力《ちから》を あわせる。
⑥ 中《なか》に 入る。
⑦ 大《おお》あわてに なる。
⑧ へやの 入《い》りぐち。
⑨ 犬《いぬ》と ねこ。
⑩ 小《ちい》さく たたむ。

きょうかしょ 下5〜19ページ
こたえ 4ページ

35ページ

ぴったり2 れんしゅう

なにに 見えるかな よう日《び》と 日づけ

1 かんじを よみましょう。

① 四月（しがつ）が はじまる。
② たき 火（び）に あたる。
③ 一月 七日（なのか）
④ たくさんの お 金（かね）。
⑤ 五月 四日（よっか）
⑥ 水（すい）よう日

2 □に かんじを かきましょう。

① わたしの 気《き》もち。
② 土《ど》よう日
③ 先生《せんせい》と はなす。
④ 六月 三日《みっか》
⑤ 木《もく》よう日
⑥ 十月 一日《ついたち》
⑦ 犬が 見《み》える。
⑧ 月《げつ》よう日
⑨ 九月《がつ》が おわる。
⑩ 土《つち》を あつめる。

きょうかしょ 下30〜37ページ
こたえ 4ページ

36ページ

ぴったり2 れんしゅう

なにに 見えるかな よう日《び》と 日づけ

1 かんじを よみましょう。

① 先生（せんせい）の つくえ。
② 火（か）よう日
③ 一月 八日（ようか）
④ 気（き）を つける。
⑤ 水（みず）を のむ。
⑥ 十月 二十日（はつか）

2 □に かんじを かきましょう。

① 日《ひ》づけを しらべる。
② 金《きん》よう日
③ 水《すい》とうを もつ。
④ 五月 二日《ふつか》
⑤ 火《ひ》を けす。
⑥ がっこうの 先生《せんせい》
⑦ 日《にち》よう日
⑧ 十一月 九日《ここのか》
⑨ 九月 六日《むいか》
⑩ てがみを 見《み》せる。

きょうかしょ 下30〜37ページ
こたえ 4ページ

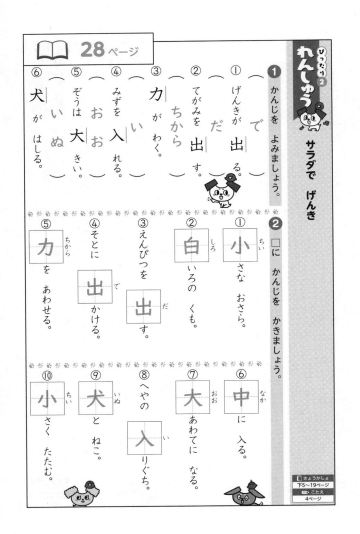

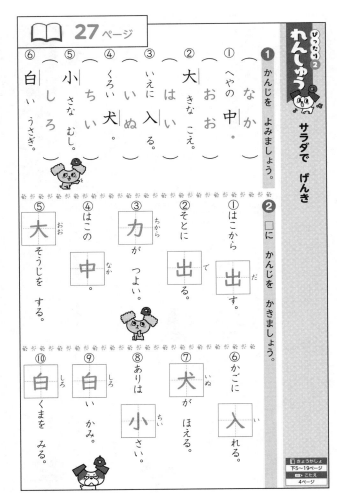

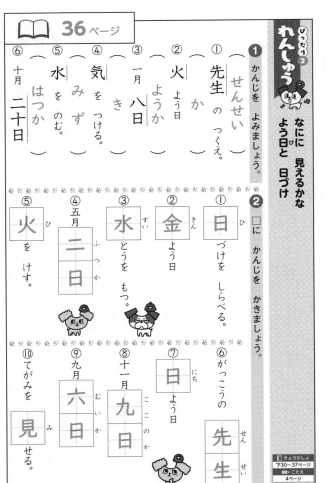

40ページ

ぴったり2 れんしゅう

はっけんしたよ ひらがなを つかおう1

1 かん字を よみましょう。

① 生（い）きものを さがす。
② 音（おと）が きこえる。
③ となりの 町（まち）。
④ きれいな 字（じ）を かく。
⑤ たんぽぽの 花（はな）。
⑥ さく 文（ぶん）を かく。

2 □に かん字を かきましょう。

① 町《まち》たんけんに いく。
② 花《はな》を うえる。
③ みじかい 文《ぶん》。
④ すう 字《じ》を えらぶ。
⑤ わたしの 町《まち》。
⑥ たのしく 生《い》きる。
⑦ かん 字《じ》の れんしゅう
⑧ きれいな 音《おと》。
⑨ 文《ぶん》しょうを かく。
⑩ 花《はな》びらが ちる。

きょうかしょ 下38〜42ページ
こたえ 5ページ

44ページ

ぴったり2 れんしゅう

いろいろな ふね／「のりものカード」を つくろう すきな きょうかを はなそう

1 かん字を よみましょう。

① 車（くるま）に のる。
② 休（やす）みの 日に あそぶ。
③ 音（おん）がくの じかん。
④ おもしろい 本（ほん）。
⑤ となりの 人（ひと）を よぶ。
⑥ 校（こう）もんを しめる。

2 □に かん字を かきましょう。

① 本《ほん》ものの ふね。
② 人《ひと》が あつまる。
③ 音《おん》どくの しゅくだい。
④ じてん 車《しゃ》で いく。
⑤ 学《がく》しゅうを すすめる。
⑥ しらない 人《ひと》。
⑦ 学《がっ》校《こう》に あつまる
⑧ 本《ほん》だなに 入れる。
⑨ 車《くるま》いすを 見かける。
⑩ からだを 休《やす》める。

きょうかしょ 下43〜61ページ
こたえ 5ページ

49ページ

ぴったり2 れんしゅう

おとうとねずみ チロ

1 かん字を よみましょう。

① 手（て）を たたく。
② 赤（あか）とんぼが とぶ。
③ 立（た）ち上がる。
④ 青（あお）い えのぐ。
⑤ あて 名（な）を かく。
⑥ ほおを 赤（あか）らめる。

2 □に かん字を かきましょう。

① 手《て》くびを まわす。
② 赤《あか》い もみじ。
③ お 手《て》つだいを する。
④ かわいい 赤《あか》ちゃん。
⑤ 青《あお》しんごうに なる。
⑥ 青《あお》ぞらが ひろがる。
⑦ あだ 名《な》で よぶ。
⑧ ぶたいに 立《た》つ。
⑨ 犬を 名《な》づける。
⑩ ぼうを 立《た》てる。

きょうかしょ 下69〜82ページ
こたえ 5ページ

50ページ

ぴったり2 れんしゅう

おとうとねずみ チロ

1 かん字を よみましょう。

① いすを もち 上（あ）げる。
② 口（くち）が あく。
③ かいだんを 上（あ）がる。
④ ロバの 耳（みみ）。
⑤ 小（こ）とりが なく。
⑥ がいこく 人（じん）

2 □に かん字を かきましょう。

① うち 上《あ》げ花火
② 二かいに 上《あ》がる。
③ 口《くち》ぶえを ふく。
④ ひと 口《くち》かじる。
⑤ ふと 耳《みみ》に する。
⑥ 耳《みみ》かきを する。
⑦ 小《こ》じまを 見つける。
⑧ アメリカ 人《じん》に あう。
⑨ 小《こ》びとの はなし。
⑩ とうじょう 人《じん》ぶつ

きょうかしょ 下69〜82ページ
こたえ 5ページ

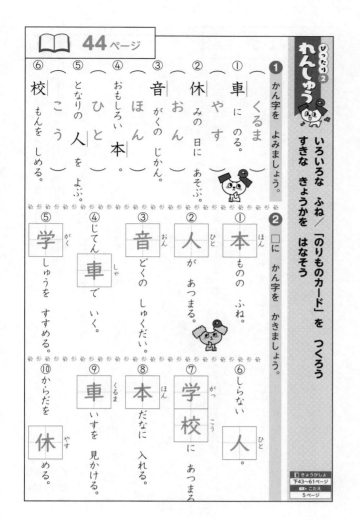

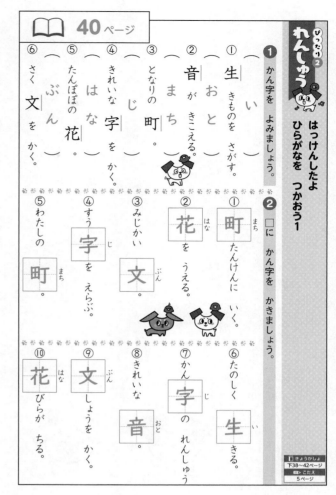

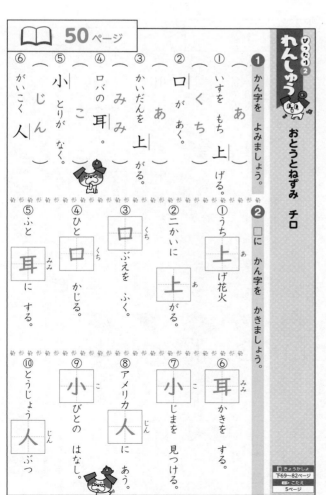

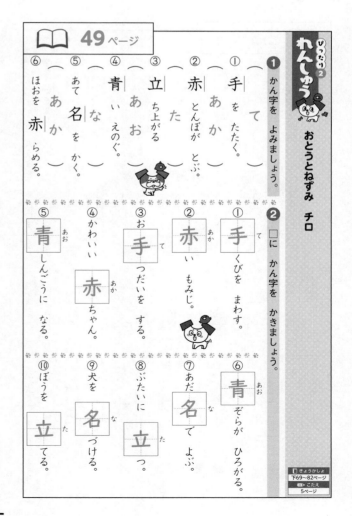

53ページ

ぴったり2 れんしゅう

かん字を　つかおう1
すきな　おはなしは　なにかな

きょうかしょ 下83～85ページ
こたえ 6ページ

1 かん字を　よみましょう。

① 子（こ）どもが　うまれる。
② 女（おんな）の人が　はなす。
③ だい名（めい）を　おぼえる。
④ 一年生（いちねんせい）に　なる。
⑤ げんきな　男（おとこ）の人。
⑥ 年（ねん）れいを　たずねる。

2 □に　かん字を　かきましょう。

① 大きな　男《おとこ》に　なる。
② 女《おんな》の子が　はしる。
③ 名人《めいじん》の　わざ。
④ らい年《ねん》の　よてい。
⑤ 子《こ》そだてを　する。
⑥ 三年生《さんねんせい》
⑦ この町の　名《めい》ぶつ。
⑧ 男《おとこ》の　きょうだい。
⑨ 子《こ》もりうたを　うたう。
⑩ 女《おんな》どうしで　はなす。

54ページ

ふゆの　チャレンジテスト①

じかん30ぷん　/100　ごうかく80てん
きょうかしょ 上114～下85ページ
こたえ 6ページ

1 ――せんの　かん字の　よみがなを　かきましょう。 一つ2てん（20てん）

① 木（き）の　下（した）に　かくれる。
② 川（かわ）まで　いき、中（なか）を　ながめる。
③ 学校（がっこう）で　名（な）ふだを　つける。
④ 女（おんな）の子が　口（くち）を　ひらく。
⑤ さかを　上（あ）がって　いる　人（じん）ぶつ。

2 つぎの　かたちから　できた　かん字を　かきましょう。 一つ4てん（20てん）

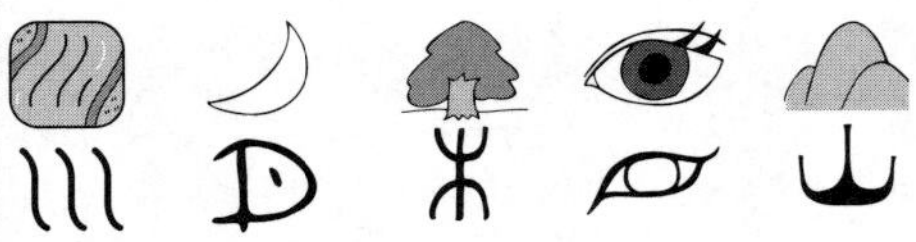

① 山
② 目
③ 木
④ 月
⑤ 川

55ページ

3 じゅんばんに　よう日を　あらわす　かん字を　かきましょう。 一つ4てん（24てん）

☆ 日よう日
① 月よう日
② 火よう日
③ 水よう日
④ 木よう日
⑤ 金よう日
⑥ 土よう日

4 つぎの　□に　かん字を　かきましょう。 一つ3てん（36てん）

① 休《やす》みが　二日《ふつか》　つづく。
② 男《おとこ》の　先生《せんせい》が　いる。
③ 町《まち》を　じどう車《しゃ》が　はしる。
④ 青《あお》い　花《はな》が　さく。
⑤ 三年生《さんねんせい》が　立《た》つ。
⑥ すう字《じ》が　ある　文《ぶん》しょう。

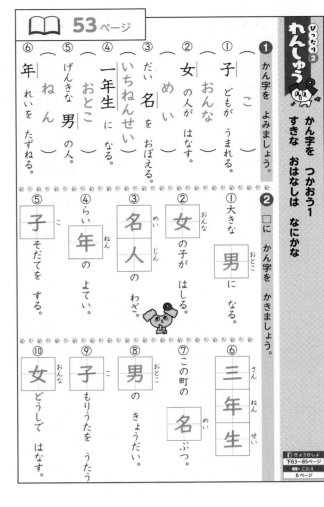

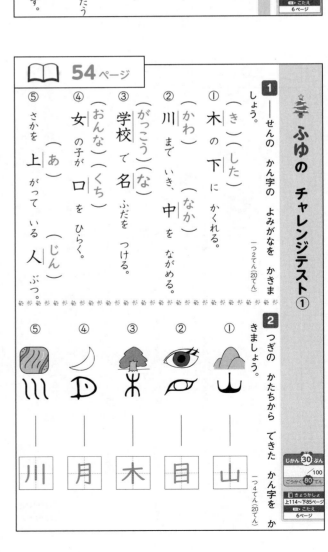

56ページ

ふゆの チャレンジテスト②

1 ——せんの かん字の よみがなを かきましょう。 一つ2てん(20てん)

① 白(しろ)い けの 犬(いぬ)が はしって いる。
② 力(ちから)を いっぱいに 出(だ)す。
③ 赤(あか)くて 小さな 火(ひ)が ゆれる。
④ 音(おと)の たかさに 気(き)を つける。
⑤ 二十日(はつか)に なったら 町(まち)へ いく。

2 うえと はんたいの いみの ことばを かん字で かきましょう。 一つ4てん(20てん)

① 下 — 上
② 小さい — 大きい
③ 男 — 女
④ 出る — 入る
⑤ おや — 子

じかん30ぷん　/100　ごうかく80てん
きょうかしょ 上114～下85ページ
こたえ 7ページ

57ページ

3 ひづけを かん字で かきましょう。 一つ4てん(24てん)

① 五《ご》月《がつ》五《いつ》日《か》
② 六《ろく》月《がつ》六《むい》日《か》
③ 七《しち》月《がつ》七《なの》日《か》
④ 八《はち》月《がつ》八《よう》日《か》
⑤ 九《く》月《がつ》九《ここの》日《か》
⑥ 十《じゅう》月《がつ》十《とお》日《か》

4 つぎの □に かん字を かきましょう。 一つ3てん(36てん)

① 月《つき》の ようすを 見《み》る。
② すきな 本《ほん》の だい名《めい》。
③ さいふの 中《なか》の お金《かね》。
④ 先《せん》しゅうの 日《にち》ようび。
⑤ 耳《みみ》に 手《て》を あてる。
⑥ 山《やま》に ついて 学《がく》しゅうする。

58ページ

ふゆの チャレンジテスト③

1 ——せんの かん字の よみがなを かきましょう。 一つ2てん(24てん)

① 三日(みっか)たって 花(はな)が さく。
② 町(まち)の 中(なか)に ゆっくりと 入(はい)る。
③ 四(よっ)つの 大(おお)きな 山(やま)に のぼる。
④ 先(せん)しゅうに ならった 字(じ)。
⑤ 本(ほん)を たなに 立(た)てる。

2 えの ものの いろを、かん字を つかって かきましょう。 一つ4てん(20てん)

①  りんご — 赤《あか》いろ
②  そら — 青《あお》いろ
③  くも — 白《しろ》いろ
④  メダル — 金《きん》いろ
⑤  あじさい — 水《みず》いろ

じかん30ぷん　/100　ごうかく80てん
きょうかしょ 上114～下85ページ
こたえ 7ページ

59ページ

3 かん字の ふたとおりの よみかたを かきましょう。 一つ2てん(20てん)

① あ 一日じゅう あそぶ。(いちにち)
　 い 十月一日に うまれる。(ついたち)
② あ 火じに なる。(か)
　 い 火を けす。(ひ)
③ あ 音がくの じかん。(おん)
　 い ふしぎな 音。(おと)
④ あ にもつを 出す。(だ)
　 い ごみが 出る。(で)
⑤ あ おおくの 人が いる。(ひと)
　 い カナダ人と はなす。(じん)

4 つぎの □に かん字を かきましょう。 一つ3てん(36てん)

① 川《かわ》の ちかくで 土《つち》を ほる。
② 犬《いぬ》が 力《ちから》づよく ひもを ひく。
③ 学《がっ》校《こう》を 上《うえ》から 見《み》る。
④ 気《き》おんが たかい。
⑤ 木の 下《した》で 小《こ》いしを ひろう。
⑥ 目《め》を 休《やす》める。

※③⑤「上・下」は いっしょに おぼえましょう。

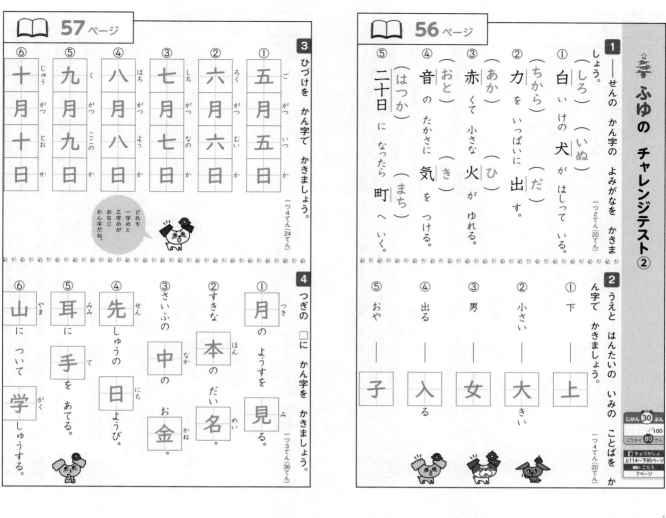

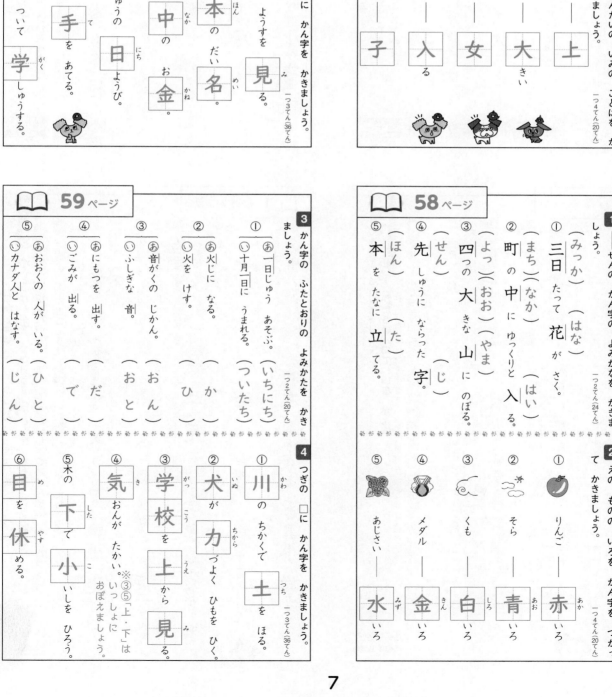

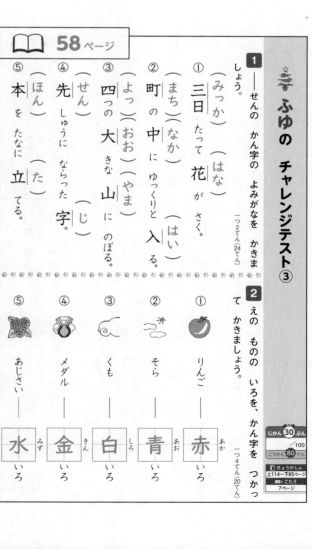

66ページ

ぴったり2 れんしゅう

むかしばなしを たのしもう／おはなしを かこう
かん字を つかおう2／子どもを まもる どうぶつたち
小学校の ことを しょうかいしよう／かん字を つかおう3

1 かん字を よみましょう。

① 子（ し ）そんを のこす。
② 赤ちゃんが 生（ う ）まれる。
③ すもうの 大（ たい ）かい。
④ 入学（にゅうがく）しきを する。
⑤ 百（ひゃく）さいの おじいさん。
⑥ 右（ みぎ ）に まがる。

2 □に かん字を かきましょう。

① 千《せん》まいの おりがみ。
② 早《はや》おきを する。
③ 左《ひだり》手《て》を ふる。
④ えん足《そく》に 出かける。
⑤ 田《た》んぼの かえる。
⑥ げん気な 村《むら》人《びと》。
⑦ 車の うんてん手《しゅ》。
⑧ 十《じゅう》円《えん》を はらう。
⑨ 足《あし》もとに ちゅうい。
⑩ 小《しょう》学《がっ》校《こう》の

きょうかしょ 下90～120ページ
こたえ 8ページ

67ページ

ぴったり2 れんしゅう

むかしばなしを たのしもう／おはなしを かこう
かん字を つかおう2／子どもを まもる どうぶつたち
小学校の ことを しょうかいしよう／かん字を つかおう3

1 かん字を よみましょう。

① 田（ た ）を たがやす。
② カードが ふ足（ そく ）する。
③ 左（ひだり）どなりの 人。
④ 小学生（しょうがくせい）が あつまる。
⑤ 五円（ごえん）だまを さがす。
⑥ あく手（ しゅ ）を する。

2 □に かん字を かきましょう。

① 足《あし》に あった くつ。
② 生《う》まれた ばしょ。
③ 百《ひゃく》年《ねん》が すぎる。
④ 村《むら》はずれの ばしょ。
⑤ 早《はや》あるきで いそぐ。
⑥ 大きな 円《えん》を かく。
⑦ 大《たい》へんな しごと。
⑧ おんせんでの 入《にゅう》よく
⑨ 右《みぎ》の ほうを 見る。
⑩ 二《に》千《せん》円の お金。

きょうかしょ 下90～120ページ
こたえ 8ページ

68ページ

ぴったり2 れんしゅう

むかしばなしを たのしもう／おはなしを かこう
かん字を つかおう2／子どもを まもる どうぶつたち
小学校の ことを しょうかいしよう／かん字を つかおう3

1 かん字を よみましょう。

① しゅっぱつを 早（ はや ）める。
② たまごを 生（ う ）む。
③ 右足（みぎあし）を いためる。
④ 村人（むらびと）を 見つける。
⑤ 大（ たい ）せつな 本。
⑥ 千円（せんえん）さつを わたす。

2 □に かん字を かきましょう。

① 文字《もじ》を 入《にゅう》りょくする。
② 田《た》うえを てつだう。
③ 早《はや》足《あし》で いく。
④ 百《ひゃく》まで かぞえる。
⑤ 左《ひだり》がわを はしる。
⑥ 土《ど》足《そく》を みとめる
⑦ 六月に 生《う》まれる。
⑧ やきゅうの せん手《しゅ》。
⑨ 早《はや》めに ねる。
⑩ 小《しょう》学《がく》二年生

きょうかしょ 下90～120ページ
こたえ 8ページ

74ページ

ぴったり2 れんしゅう

スイミー
かたちの にて いる かん字

1 かん字を よみましょう。

① ほそい 糸（ いと ）で むすぶ。
② くにの 王（ おう ）に なる。
③ 玉（ たま ）を ころがす。
④ ひろい 林（はやし）。
⑤ ざっそうが 生（ は ）えた。
⑥ 雨（ あめ ）の 日に 出かける。

2 □に かん字を かきましょう。

① しせいを 正《ただ》す。
② 人《にん》ずうを かぞえる。
③ 大《おお》雨《あめ》が ふる。
④ あそびに む中《ちゅう》だ。
⑤ くろい からす貝《がい》。
⑥ 一《ひと》口《くち》で たべる。
⑦ 中《ちゅう》くらいの 大きさ。
⑧ 王《おう》かんを かぶる。
⑨ 正《ただ》しい かん字。
⑩ 水《みず》玉《たま》の もよう。

きょうかしょ 下121～139ページ
こたえ 8ページ

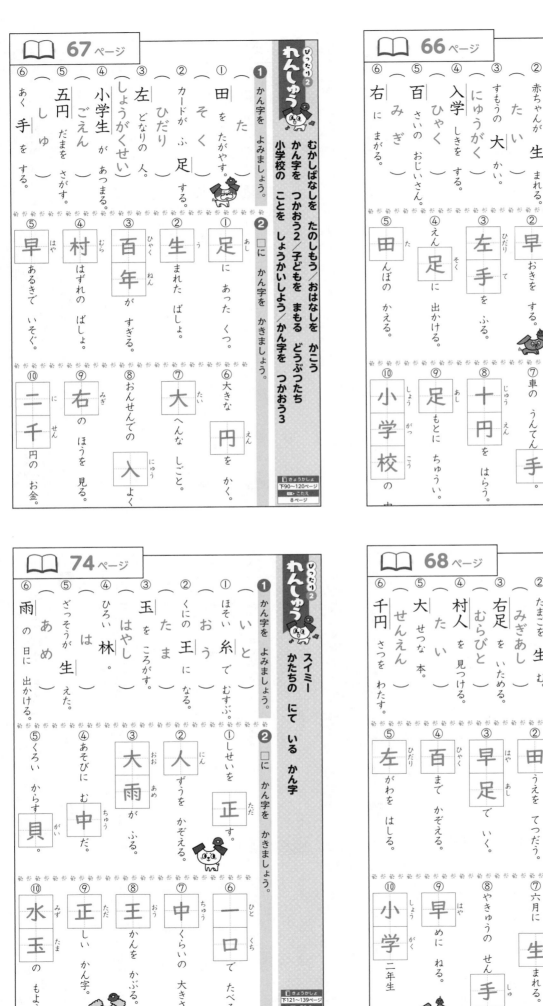

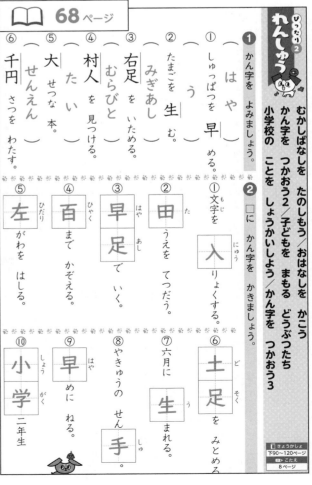

75ページ

ぴったり2 れんしゅう

スイミー かたちの にて いる かん字

1 かん字を よみましょう。

① もう 一（ひと） いきだ。
② ひげを 生（は） やす。
③ 三人（さんにん） の きょうだい。
④ 小石（こいし） を あつめる。
⑤ 正（ただ） しい こたえ。
⑥ 中学校（ちゅうがっこう） に いく。

2 □に かん字を かきましょう。

① たこの 糸《いと》。
② 貝《かい》 がらを ひろう。
③ 玉《たま》 入れを する。
④ くさが 生《は》 える。
⑤ はげしい 雨《あめ》。

⑥ まちがいを 正《ただ》 す。
⑦ 大きな 王《おう》 さま。
⑧ 人《にん》 ぎょうで あそぶ。
⑨ 林《はやし》 の 中を あるく。
⑩ 石《いし》 だんに すわる。

きょうかしょ 下121～139ページ こたえ 9ページ

81ページ

ぴったり2 れんしゅう

一年かんの おもいでブック かん字を つかおう4

1 かん字を よみましょう。

① くもった 空（そら）。
② 夕（ゆう） ごはんを たべる。
③ 草（くさ） ぶえを ふく。
④ 天（てん） さいと いわれる。
⑤ 虫（むし） とりあみを かう。
⑥ きらきら ひかる 竹（たけ）。

2 □に かん字を かきましょう。

① ウマが 草《くさ》 を たべる。
② 竹《たけ》 ひごを かぞえる。
③ 天《てん》気《き》 よほう
④ 夕《ゆう》 がおの 花。
⑤ いも 虫《むし》 を 見つける。

⑥ 空《そら》耳《みみ》 が する。
⑦ 森《もり》 に いる 生きもの
⑧ 夕《ゆう》 ぐれが ちかづく。
⑨ 天《てん》 ぷらを つくる。
⑩ 草《くさ》 かりを する。

きょうかしょ 下140～144ページ こたえ 9ページ

82ページ

はるの チャレンジテスト①

1 ——せんの かん字の よみがなを かきましょう。 一つ2てん（20てん）

① 円（えん） の 中に 石（いし） を おく。
② 百人（ひゃくにん） で 大きな 竹（たけ） とんぼを つくる。
③ 林（はやし） の 中で 虫（むし） とりを する。
④ 空（そら） を 見ながら 百（ひゃく） まで かぞえる。
⑤ 右（みぎ） に まがると 天（てん） ぷらやが ある。

2 つぎの □に 入る かん字を かきましょう。 一つ4てん（24てん）

① えん 足《そく》 あと（足《あし》）
② しょう 小《こ》 学生 とり
③ せん 手《しゅ》 ぶくろ（手《て》）
④ はい 入《にゅう》 る りょく
⑤ 先 生《せい》 える（生《は》）
⑥ いち 一《ひと》 ばん いき

じかん30ぷん ／100 ごうかく80てん

きょうかしょ 下90～144ページ こたえ 9ページ

83ページ

3 上と はんたいの いみになる ことばを、かん字で かきましょう。 一つ4てん（20てん）

① 右 — 左
② おそい じかん — 早い じかん
③ はれ — 雨
④ まちがった 字 — 正しい 字
⑤ あさやけ — 夕やけ

4 つぎの □に かん字を かきましょう。 一つ3てん（36てん）

① きれいな 貝《かい》 がらを 糸《いと》 で つるす。
② 田《た》 うえの まえに 草《くさ》 を かる。
③ 玉《たま》入《い》れの 大《たい》かい。
④ 五《ご》千《せん》人が くらす 村《むら》。
⑤ 中《ちゅう》学《がっ》校《こう》 の ちかくの 森《もり》。
⑥ 王《おう》さまの 子どもが 生《う》まれる。

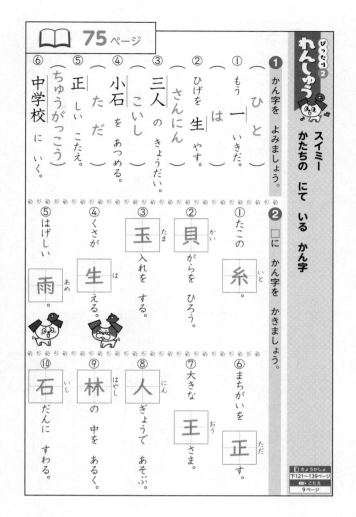

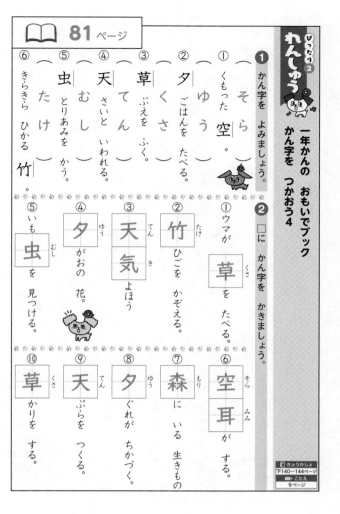

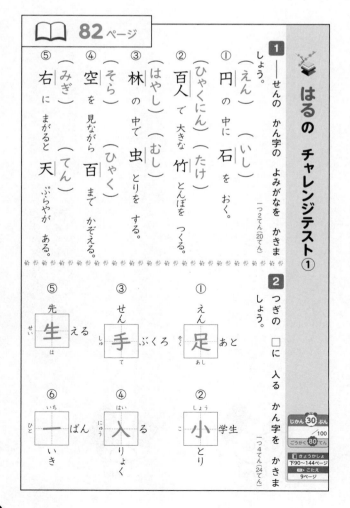

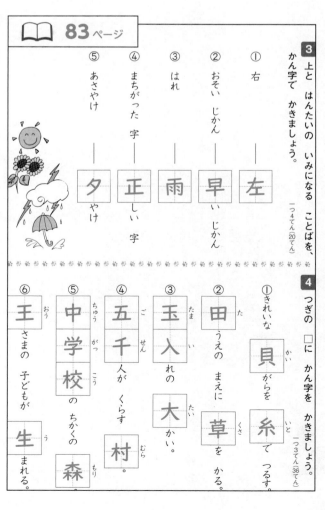

84ページ

はるの チャレンジテスト②

じかん 30 ぷん　／100　ごうかく 80 てん

きょうかしょ 下90～144ページ　こたえ 10ページ

1 ——せんの かん字の よみがなを かきましょう。　一つ2てん（20てん）

① みちの 左（ひだり）がわに 田（た）が ひろがる。

② 糸（いと）を ひっぱって 右（みぎ）に よせる。

③ 草（くさ）が たくさん 生（は）える。

④ 子（し）そんと あく手（しゅ）する。

⑤ 水中（すいちゅう）での 正（ただ）しい しせい。

2 つぎの かん字の 正しい かきじゅんに ○を つけましょう。　一つ4てん（20てん）

① 正
　あ（○）一 丅 下 𤴓 正
　い（　）一 丅 丌 𤴓 正

② 左
　あ（○）一 ナ 𠂇 左 左
　い（　）ノ ナ 𠂇 左 左

③ 右
　あ（　）一 ナ 𠂇 右 右
　い（○）ノ ナ 𠂇 右 右

④ 糸
　あ（○）く 幺 幺 糸 糸 糸
　い（　）く 幺 糸 糸 糸 糸

⑤ 田
　あ（○）丨 冂 冂 田 田
　い（　）丨 冂 口 田 田

85ページ

3 かたちに 気を つけて、□に かん字を かきましょう。　一つ4てん（24てん）

① あ 大きな くにの 王《おう》。
　い きれいに ひかる 玉《たま》。

※①「玉」の「丶」は、さいごに かきます。

② あ どうぶつの 足《あし》あと。
　い 小さな 虫《むし》を つかまえる。

③ あ くらい 森《もり》の 中。
　い 林《はやし》から 出てくる。

※③「木」「林」「森」を まとめて おぼえましょう。

4 つぎの □に かん字を かきましょう。　一つ3てん（36てん）

① 村人《むらびと》は 早《はや》おきだ。

② 千円《せんえん》で 竹《たけ》うまを かう。

③ 夕《ゆう》がたの 天気《てんき》。

④ 空《そら》から 雨《あめ》が ふる。

⑤ きれいな 貝《かい》がらや 石《いし》。

⑥ 百人《ひゃくにん》が 入学《にゅうがく》する。

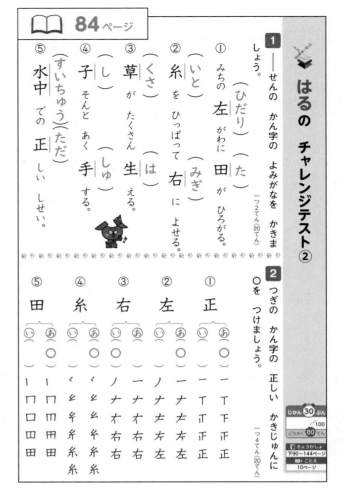

一年で 学ぶ かん字は ぜんぶで 八十字だよ。
くりかえして れんしゅうしよう。

学力しんだんテスト①

1年 かん字のまとめ

学力《がくりょく》しんだんテスト①

なまえ　　月　　日

じかん 30ぷん

ごうかく80てん　／100

こたえ11ページ

1 ――せんの かん字の よみがなを かきましょう。　一つ1てん(20てん)

① 五（ご） くみの 先生は 男（おとこ）の 人だ。

② シャボン 玉（だま）を 空（そら）に とばす。

③ 耳（みみ）の ような かたちの 石（いし）。

④ 山（やま）の きれいな 水（みず）を のんだ。

⑤ この 本（ほん）は、百（ひゃく）ページ ある。

⑥ 村（むら）で すこしの あいだ 休（やす）む。

⑦ 名（な）まえも しらない 子（こ）。

⑧ 竹（たけ）やぶに めずらしい 虫（むし）が いた。

⑨ 町（まち）に ついての 文（ぶん）を かく。

⑩ 左手（ひだりて）に きれいな 花（はな）を もつ。

2 □に かん字を かきましょう。　一つ1てん(20てん)

① 森《もり》で 王《おう》さまに あう。

② 六月 八日《ようか》は 雨《あめ》だった。

③ 田《た》んぼに 立《た》つ かかし。

④ いえを 早《はや》く 出《で》る。

⑤ 大《おお》きな 犬《いぬ》が ほえる。

⑥ 月《つき》を 見《み》上《あ》げる。

⑦ 川《かわ》の ながれる 音《おと》。

⑧ 車《くるま》に 気《き》を つける。

⑨ うちの 中《なか》に 入《はい》る。

⑩ 木の 下《した》で 円《えん》に なる。

うらにも もんだいが あります。

3 えの ものの かずを、かん字を つかって かきましょう。　一つ2てん(8てん)

（れい）  三びき

①  四わ

②  七さつ

③  六まい

④  十二だい

3 かん字の ふたとおりの よみかたを かきましょう。　一つ2てん(20てん)

① 小　あ 小とり。（こ）　い 小さな 村。（ちい）

② 土　あ ねん土ざいく。（ど）　い 土ぼこり。（つち）

③ 水　あ いんりょう水。（すい）　い 水たまり。（みず）

④ 金　あ お金もち。（かね）　い 金こに しまう。（きん）

⑤ 火　あ 火よう日。（か）　い 火が もえる。（ひ）

5 あとの □から なかまの かん字を えらんで、□の かずだけ かきましょう。　一つ2てん(20てん)

※じゅんばんは ちがっていても よい。

① いろを あらわす かん字。　赤 白 青

② かずを あらわす かん字。　千 九 百

③ しょくぶつを あらわす かん字。　竹 木 花 草

千	小	竹	赤	九	木
白	百	中	花	青	草

6 ――せんの まちがった かん字を ただしい 字で かきましょう。　一つ2てん(12てん)

① 石手を あげる。  右

② にわの 上を ほる。  土

③ 青い うみを 貝る。  見

④ 町で 入に あう。  人

⑤ かん学を かく。  字

⑥ 大ぷらを たべる。  天

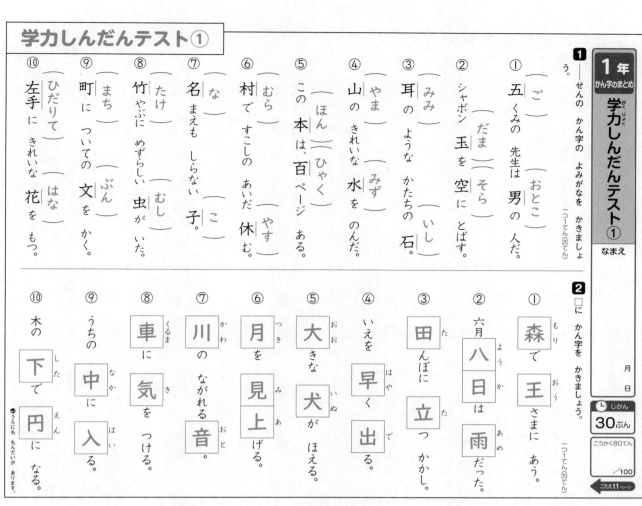

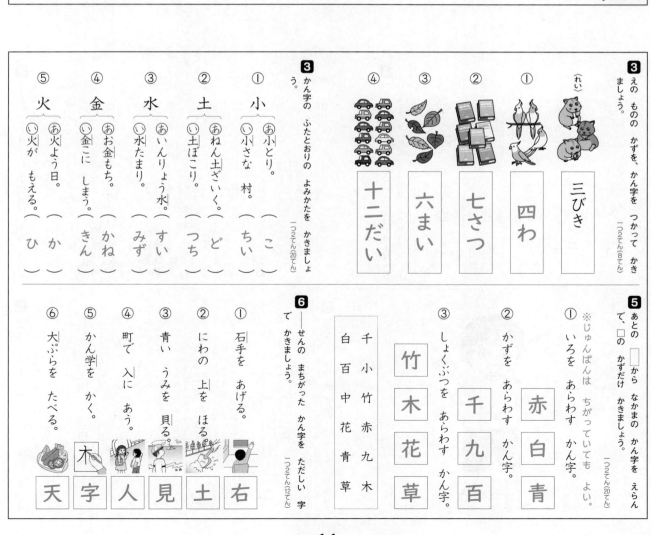

学力しんだんテスト②

1年 かん字のまとめ
学力《がくりょく》しんだんテスト②
なまえ
月 日
じかん 30ぷん
ごうかく80てん
／100
こたえ12ページ

1 ――せんの かん字の よみがなを かきましょう。 一つ1てん(20てん)

① 学校（がっこう）が なくても 早（はや）く おきる。
② 犬（いぬ）を つれて 森（もり）に いく。
③ 王（おう）さまが 金（きん）いろの いすに すわる。
④ 足（あし）を のばすと 気（き）もちが よい。
⑤ 木（もく）ようびに 川（かわ）で あそんだ。
⑥ 青（あお）い りっぱな 車（くるま）が とまった。
⑦ あにと 力（ちから）を あわせて 土（つち）を もる。
⑧ 九（きゅう）本の はたを 立（た）てる。
⑨ ビルの 上（うえ）から けしきを 見（み）る。
⑩ け糸（いと）で まるい 玉（たま）を つくる。

2 □に かん字を かきましょう。 一つ1てん(20てん)

① 百《ひゃく》にんの 男《おとこ》が あつまる。
② 火《ひ》が 赤《あか》く もえる。
③ 女《おんな》の子に 名《な》まえを きく。
④ 花《はな》に 水《みず》を やる。
⑤ 字《じ》を 小《ちい》さく かく。
⑥ 白《しろ》い 貝《かい》がらを ひろう。
⑦ 山《やま》に 夕《ゆう》日《ひ》が しずむ。
⑧ 十《じゅう》月《がつ》に 生《う》まれる。
⑨ 虫《むし》が 空《そら》を とぶ。
⑩ 林《はやし》の さきに 村《むら》が ある。

うらにも もんだいが あります。

3 うえの ことばと はんたいの いみの ことばを、かん字でかきましょう。 一つ2てん(14てん)

① すわる ― 立つ
② はたらく ― 休む
③ 右 ― 左
④ にせもの ― 本もの
⑤ はれ ― 雨
⑥ おとな ― 子ども
⑦ 出す ― 入れる

4 つぎの かん字の あかい ぶぶんは、なんばんめに かきますか。□に すう字を かきましょう。 一つ2てん(20てん)

① 田 四
② 力 二
③ 犬 二
④ 手 四
⑤ 出 一
⑥ 車 七
⑦ 中 四
⑧ 竹 三
⑨ 右 二
⑩ 糸 四

5 つぎの かん字に 下の □の ぶぶんを つけて、べつの かん字を つくりましょう。 ぶぶん・かん字とも せいかいで 一つ2てん(10てん)

（れい） 一＋白＝百
① 立＋日＝音
② 八＋亠＝六
③ 大＋一＝天
④ 早＋艹＝草
⑤ 田＋丁＝町

艹　一　日　白　丁　亠

6 つぎの □に、からだの ぶぶんを あらわす かん字を かきましょう。 一つ4てん(16てん)

① 耳
② 足
③ 目
④ 口

※「手」も いっしょに おぼえましょう。

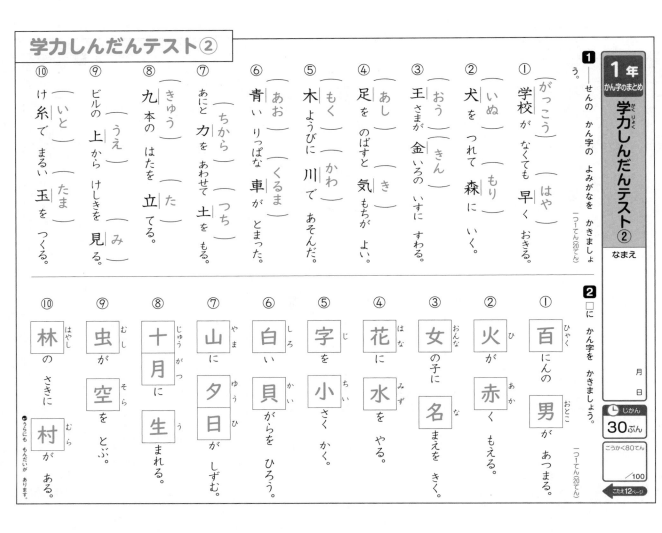

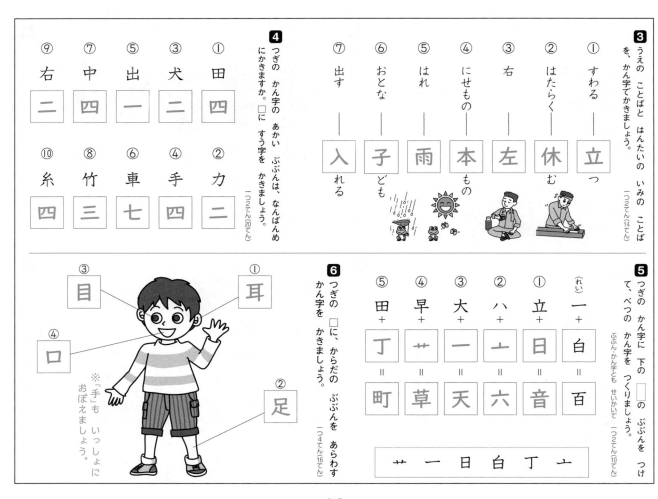

かん字クイズ

1 山・木・川

2 日・火・金

3 字・花・音

4 ①女　②足　③村

5 二千六百八十（円）

6 ①上下　②先生

7 （せんで　むすんで　できる　かん字）空・天・男

8 ①空　②山　③林　④川　⑤町
⑥村　⑦田　⑧木　⑨犬　⑩虫

かん字の　たしざん

10ページ▽　三　17ページ▽　木　23ページ▽　大
29ページ▽　見　31ページ▽　土　37ページ▽　音
41ページ▽　本　43ページ▽　校　45ページ▽　名
51ページ▽　男　60ページ▽　早　62ページ▽　田
69ページ▽　林　71ページ▽　王　76ページ▽　天